旅の表層

ユーラシア大陸横断、ラテンアメリカ縦断、
そして沖縄　港にたどり着くまで

組原 洋

学文社

まえがき

私は、2013年に『旅の深層―行き着くところが、行きたいところ　アフリカ、ブラジル、ダバオ　回遊』を、2018年に『旅の反復　世界のウチナーンチュを訪ねて―父と娘の旅道中』をいずれも学文社から出版した。本書はこれに続くものである。

旅の順序としては本書に取り上げた旅が最初の外国旅行であるが、旅行記録を探し出すのに時間を食ってしまい、「初めてのラテンアメリカ一人旅」の記録を探し出して、毎日書いている原稿の一部としてまとめ終えたのが2014年末だった。

「初めての海外」から「初めてのラテンアメリカ一人旅」まで3年半以上の時間がある。この間に書いたものは非常にたくさん残っているのだが、私は書くことによって一人旅の覚悟のようなものをつくりあげていっていたように見える。その結晶的な文章が「哲学・第一部」で、これは旅行記ではないが、旅の準備になったと思う。そういうわけで、「旅する哲学」と題して、これを「初めての海外」と「初めてのラテンアメリカ一人旅」との間に挿入した。

さらに、「初めてのラテンアメリカ一人旅」のあと、沖縄に住むまでの経緯を最後に書いた。

目次

第1章　初めての海外（1974～1975年）

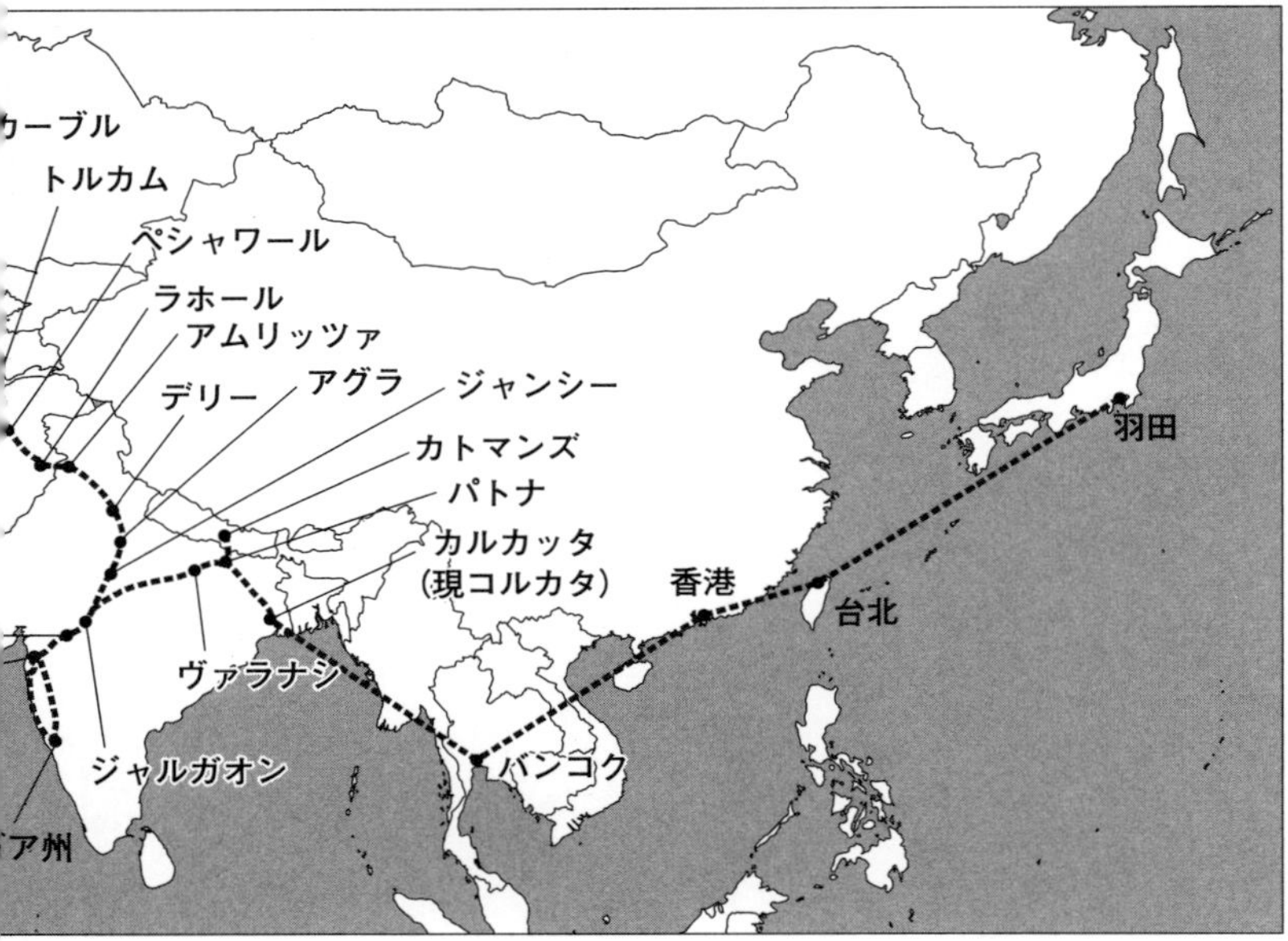

私は、１９７４年9月21日から翌75年1月13日まで、弟と一緒にユーラシア大陸横断旅行をした。これが初めての海外旅行だった。

この旅行についての記録は、手帳2冊だけである。写真はまったく残っていない。

1冊は、日記と、そのあとの頁にヨガの体操とトラベラーズチェックの番号などが記されている。

当時、私は沖ヨガをやっていた。富士山の麓にある道場にも行って、1週間ぐらい滞在し、沖正弘氏から直接に指導を受けた。難聴がヨガで治るのではないかと思って行ったのである。沖ヨガでは、すべての病は体のゆがみから起こると考えていて、私の場合、左

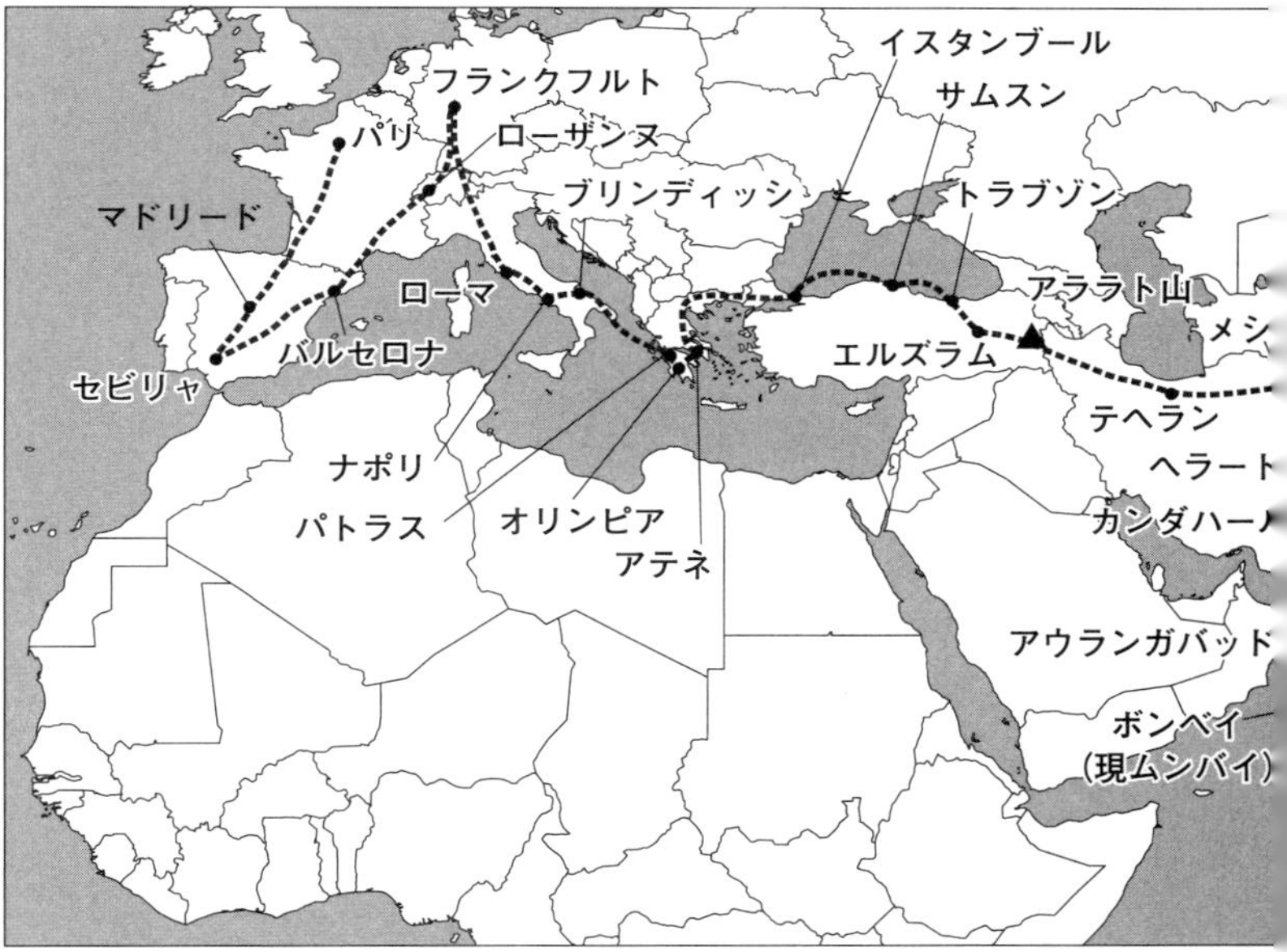

右どっちだったか思い出せないが、片方の肩が落ち込んでいると言われ、鏡で見てみたら確かにそうだった。それを修正する体操を教えてもらって、毎日やっていた。

トラベラーズチェックはアメリカン・エキスプレスのものである。お金については、当時持ち出し可能な外貨が1500米ドルまでだった。その大部分をチェックにした。チェックならなくしても戻ってくるということだったからである。それで手帳に番号を控え、現金化した番号は消していった。しかし、後で述べるように、チェックではダメなところがかなりあり、現金が少ないために苦労した。

もう1冊は、日付を入れて折々に書

きとめた文章が並んでいる。

この手帳は、協和銀行（現在のりそな銀行の前身の一つ）の手帳で、私が司法修習生のとき、弁護修習の指導教官が協和銀行の顧問弁護士であったため、弁護修習中にもらったものである。

資料としてはこのほかに、旅行に持っていった深井聰男『アジアを歩く―遺跡と人間の旅ガイド』（山と溪谷社、1974年）という本がある。出発したのは前記のように1974年9月21日であったが、この本はそのちょっと前に出版されて、当時、日本語で書かれた類書はほとんどなかった。

パリまでの片道切符と、ヨーロッパ内のユーレイルパスは日本で買ったが、それ以外は弟と2人分の合計3000ドルで帰国するまでやりくりしないといけないので、必然的に貧乏旅行を強いられた。結果的には、翌年1月13日に羽田空港に戻ってきたとき、使わずに残ったチェックは、私と弟それぞれ600ドルぐらいであった。最後の、カルカッタ（現在コルカタといわれている）からバンコク経由羽田までの航空券が確か1人350ドルぐらいであった。そうすると、110日ほどを1人550ドルでまかなったこととなるので、1日あたり平均5ドルである。当時は、1米ドルが270円ぐらいだったかと思うので、5ドルというと1350円ということになる。もちろん、これにはホテル代と乗り物代なども含まれているので、全部が食費になったのではない。計算してみて、すごいなあ、と感嘆した次第である。

だから、ヨーロッパ内では食堂には全然入らなかった。初めて入ったのが確かイタリアのナポリあたりで、その後、ブリンディッシから船でギリシャに渡ったのである。食費などはギリシャに着いたらぐんと安くなって、食堂でも食べられるようになった。

こういうわけで、安宿の情報が不可欠であったが、その要請にこの本は見事に応えてくれた。この本の情報がなければ安い旅はできないと思って、紛失に備えて2冊買い、私と弟が1冊ずつ持ったのである。そのうちの1冊が今手許にある。

なぜ弟とふたりでユーラシア大陸横断旅行をすることになったのか。

私は1974年4月に司法修習を終えた。当時私は弁護士の仕事をする気は全然なかった。友達にどうするんだときかれて、修習が終わったら外国に行くんだと、半ば冗談で言っていた。

2年間の修習中は国家公務員の扱いになっていて、給料が出た。ボーナスもあった。修習というのは仕事というより実質は勉強なのに、それでお金がもらえてすごく有り難かった。そして、途中から下宿はしたが、月1万4000円ほどの家賃で、扶養家族もいないので、修習が終わったとき90万円ぐらいも貯まっていた。

修習が終わってからは、もう無駄なお金は使えないので、小平市の母の家に戻って、ハッキリした記憶はないのだが、ぶらぶらしていたんじゃないかと思う。母は、働けとか言わなかったので、気分的にはとても居心地はよかった。小平市の中央図書館はまだなくて、仲町図書館に自転車で行って、どんどんリクエストしては借りた。

一方、私とは2歳違いの弟も、ちょうどこの年、慶應義塾大学の仏文科を卒業した。弟は、高校卒業後、東京バーテンダースクールというところに半年通ってバーテンダーになったのだが、バーテンダーとして働き始めてからすぐに、この仕事はバカらしいといってやめて、小平の家にこもって勉強を始めた。そして、翌年慶應と早稲田に受かったのだが、早稲田の周辺はゴミゴミしているといって、慶應に決めた。私は、現役で東大に入ったのだが、コースを変えて1年間休学したため、5年間で卒業し、それから2年間で司法修習を終えたので、弟が卒業した時期と私が修習を終えた時期とがちょうどそろったのである。

弟は、卒業後すぐだったかどうか確かではないが、慶應時代の友人たちとビル清掃の会社をつくって、そこで働きだした。会社といっても形だけで、1日1万8000円だかの収入の大部分は自分のものになるのである。ただ、慶應在学中の友人が全共闘の学生運動で捕まって、刑務所に入っていて、その奥さんと幼い子どもの生活は会社が支えていたときいている。この仕事は時間的には非常に自由で、やりたいときにやれるみたいな感じに見えた。実際、今この仕事をしている友人がいるが、月わずか3日ぐらいしかやっていない。

海外に行くということには弟も乗り気で、最初はヨーロッパだけの感じで考えていて、弟がフランス語、私がドイツ語ということで分担すれば、あとは英語で動けるんじゃないかということで、一緒に行こうということが決まった。

ところが、旅行資金というのが、私が修習中に貯めた90万円だけなので、これだと、高いヨーロッパだとすぐになくなってしまう。

そんなとき、弟が、陸路を使えばヨーロッパから日本まで2万円で帰ってこれる、という話をもってきた。私も弟もほんとかね、という感じだったが、今のように『地球の歩き方』みたいな情報がたくさんある時代ではなかったので、やってみなければ真偽は分からなかった。そして、やってみようということに簡単に決まった。ふたりとも若かった。

しかし、当時はすぐに安い切符が手にはいるという時代ではなくて、出発の10日ほど前になって、たまたまキャンセルチケットが手に入った。羽田からパリまでの片道切符で、確か1人14万円ぐらいだった。

夏の間に弟と一緒にコレラの予防接種をしにいった。これは1週間の間を置いて2回行う。私は微熱が出てきつかった。その後、もう1回コレラの予防接種をしたことがあるが、やはりきつかった。きついのに、有効期間は6カ月間しかなく、割に合わない。黄熱病だと、1回の注射で済んで、有効期間は10年である。

9月はじめになって、同じリュックを二つ買った。満足できる大きさのものがこれしか見つからなかったのである。

難点は、生地が真っ赤で、おまけに日の丸まで縫いつけられていたことである。反日感情のあるところをこんなリュックを背負って歩いたらやられてしまうんじゃないかと思い、日の丸ははがした。そして、本体中央部を、弟のものは銀色の、私のは深緑色の塗料で塗った。銀色の方は使っているうちにはげていって、きたなくなった。

形も問題があって、本体の左右についたポケットが大きめで、当時登山用に使われていたキスリング型のものほどではないが、横に膨れ過ぎていた。列車に乗るときに突っかかるのでよくない。だから、このリュックは最初の海外旅行後はもう使わなかった。

その後、登山用具店でも、ちょうど体の幅の細長い型で、背負子のついていないものが主流になっていって、2度目の海外旅行のラテンアメリカ縦断旅行からはこのタイプのリュックを使った。これも難点があって、大量にものが入れられるのはいいのだが、中に入れたものの出し入れが面倒である。荷物の種類ごとに分類して、袋にまとめてから入れていかないと何がどこにあるのか分からなくなる。

寝袋ももちろん準備した。私はすでに持っていたが、弟は新しいのを買った。それが羽毛のものだったのかどうかおぼえていない。ラテンアメリカ旅行の時は、中国製のアヒルの羽毛のものを使った。これは軽くてコンパクトに畳めてよかった。

靴は足首まであるバスケットシューズ型の革製のものを買った。私は、左足の親指のところが横方向に突起状の奇形になっていて、そのせいか、革靴はうまく合わないとすぐに痛くなる。家のそばで買った靴もはいてみると痛くなったのだが、靴屋で内部から伸ばす器械を入れて伸ばしてくれて、ちょうどいいあんばいになった。この靴はその後もながく愛用した。

9月18日に荷物を詰めてみた。非常に重かった。15キロぐらいにもなって、こんな重いものを持って歩けるのかと思った。しかも、いくら詰めてもリュックに入りきらず、別に手提げ袋が必要だった。基本的には、何を持っていくべきかがハッキリせず、あれこれ詰め込んだからである。必需品と思っても実際には使わなかったものもある。英語の辞書などそうで、あまり使わなかった。旅行中に英語の推理小説などはよく買って読んだが、いちいち辞書を引いたりしなかった。日本では英語の本を全部読み切るのは難事だったが、他に持っていなければ読めるものである。

本は、あまり持たなかったと思う。読んだという記憶もない。『アジアを歩く』が読み物としても面白く、いつもそれを読んでいた。地図も結構ついていて、動くにはそれで十分だった。この本は新書版で軽くて持ちやすかった。手帳には、出発前日の9月20日に、ヘルダーリン詩集、北原白秋詩集、堀田善衛『インドで考えたこと』(岩波新書)を買ったとある。なぜ詩集など買ったのだろうか。

9月21日(土曜日)の夕方、箱崎にある東京シティエアターミナルに行ってチェックインした。買ったチケットが、学生の団体研修旅行のキャンセルチケットで、ここでチェックインするようになっていたのである。もらった書類に国際学生証の申請用紙が含まれていて、後で述べるが、これを使ってギリシャのアテネで国際学生証をつくった。つまり偽学生になったのである。おかげで、インドの鉄道やネパールに行ったときの飛行機代などがものすごく安くなった。

空港バスで羽田に行って、21時50分発のエールフランスで発った。飛行機に乗ったのはこれが初めてだった。出てきた機内食は小ガモの丸焼きで、すばらしく上等に思われた。そして、着いてからの貧乏旅行を頭に入れて、チーズなど食べ残したものはみんなとっておいた。

飛行機はアンカレッジ経由で、22日（日曜日）の朝6時50分にパリに着いた。飛行機から降りて、空港内の洗面所で、弟は、腕時計をはずして顔を洗った際に、時計を置き忘れた。すぐに気がついて戻ったらもうなかった。

空港から鉄道で中心部のオステルリッツ駅に出た。重い荷物は駅のコインロッカーに入れてから、安宿街のあるソルボンヌ通りというところに行った。最初予定していたホテルはドミトリーだけだった。フロントの前で、日本から着いたばかりで疲れているので、高くてもツインの部屋でゆっくり眠った方がいいのではないかと弟と相談していたら、フロントのおじさんは短気で、「アレ！アレ！」と怒鳴られて、われわれは追っ払われてしまった。「アレ（行ってしまえ）」というフランス語が今も耳に残っている。

近くの安宿でツインの部屋を取って、ここに2泊した。その日は、ちょっと寝てから午後、カルチエラタン方面を歩いた。というか、さっそく自炊生活を始め、まず買い物をした。日曜日でたいていの店が閉まっていた。開いている店を探して、材料をそろえた。火が使えるような準備はしなかったので、そのまま食べられるものだけである。手帳の右頁には、パン、チーズ、塩、野菜、マヨネーズと書いてある。

材料を買ってからホテルに戻って、フランスパンにバターを塗って、チーズ、トマト等をはさんで食べる。飲み物はだいたいジュースだった。ずっとそれで通した。材料はよくて、なかなかおいしかったし、私は飽きなかった。栄養的にも問題はないのではないか。

夜は、やっぱり時差ボケが出て早くから寝てしまい、午前1時には目がさめてしまった。ヨガの体操や呼吸をやっているうちに何とか朝になったが、ずいぶん長かった。弟はよく寝ていたようだった。時差ボケの時は個室でないときつい。

23日（月曜日）は、オステルリッツ駅で、翌日のマドリード行き列車を予約した。ユーレイルパスなので1等である。それから、モンマルトル方面を歩いた。ずっと小雨が降ったりやんだりの天気で、肌寒かった。

この日も、食べ物を安く売っている店を探して歩いた。長距離列車に乗る前はいつでも、食事の回数分のサンドイッチと飲み物を準備した。

やっぱり時差ボケが続いていて、夕方6時に横になったらそのまま寝てしまった。

24日（火曜日）もシャンゼリゼやシテをずっと歩いていた。名所なんかより、メトロの切符と犬の糞があちこちに落ちていたのが頭に残っている。それから、黒い肌の人が非常に多かった。夕方6時過ぎ発の国際列車でスペインに向かった。

夜中に列車はバスクを通り抜けてスペインに入った。

1等車は6人のコンパートメント式で、六つの座席を前の方にずらすと水平の空間になる。入口を閉めて、寝袋を出して寝ればホテルとかわらなかった。乗り物に乗っていると、時差ボケなんかとは無関係によく眠れるので、時差ボケを抜くのには非常にいい方法である。

25日（水曜日）の朝10時に、マドリードのチャマルティン駅に着いた。駅の斡旋所でホテルを紹介してもらって行ったのだが、どういう風にしてホテルまで行ったのかおぼえていない。ホテルは、細い通りに面していた。

マドリードには2泊した。ホテルからプエルタ・デル・ソルまで歩いて行けた。天気がよくて、着いた日は、町の中を歩いた。

翌26日（木曜日）、アトーチャ駅に行って、その翌日のセビリャ行きの切符を予約してから、トレドに行った。トレドの町は駅からみると小高い丘の上にある。迷路のような狭い通りを歩き回った。日本人旅行者にしばしば出会った。

27日（金曜日）、荷物をアトーチャ駅に置いてから、モロッコ大使館に行った。われわれは、セビリャからアルヘシラスまで南下して、ジブラルタル海峡をフェリーで渡ってモロッコに行くかどうか、迷っていた。モロッコに渡ったらすぐにスペインに戻るということはなくて、たぶんカサブランカまで行くことになるだろう。そうなると、すぐには戻って来れない。寒くならないうちに早くアジアに入ってしまいたかったので、結局、モロッコに行くのは断念した。

この日は、マドリードの東部を散歩してまわってから、夜9時25分発の列車でセビリャに向かった。夜は列車で寝るという形が板につき始めた。

28日（土曜日）、朝7時半にセビリャのサンベルナルド駅に着いた。そして、プラサ・アルマ駅に行って、ここから出るバルセロナ行きの切符を買った。当時、私も弟もスペイン語が全然分からなくて、切符を買うのに苦労した。田舎に来ると英語は全然通用しなかった。でも、若い人が助けてくれて、何とかなった。

ここに荷物を置いてから、サンベルナルド駅に戻り、バスのような列車でセビリャとアルヘシラスの中間あたりにあるヘレス・デ・ラ・フロンテーラに行って、そこにあるユースホステルを、人にききながら探していった。見つかってみると学校のようなところだったが、今はもうユースホステルをやっていないというので、セビリャまで引き返した。

セビリャの町の中には安いペンションがいくつもあったので、そこに泊まった。値段も高くないし、快適で、遠くのユースまでわざわざ行くのはバカらしい。

夕方買い物に出たら迷ってしまって、ずいぶん歩いた。町の中を馬車が走っていて、そして、夜になるとオレンジ色の街灯がついた。

29日(日曜日)、昼までホテルにいてから、ゆっくり歩いてプラサ・アルマ駅に行って、夕方4時発の列車でバルセロナに向かった。

翌30日(月曜日)、午後1時半、バルセロナに着いた。ペンションに落ち着いてから、買い物しながら散歩した。コロンブスの像があるあたりの海岸沿いに店がたくさん並んでいた。そこで魚のフライを立ち食いした。おいしかった。バルセロナはセビリャと比べると活気があって、すごく都会の感じがした。ランブラス通りなどいくら歩いても飽きなかった。今でもスペインで一番好きな町である。

10月1日（火曜日）の午前中はバルセロナ市内を歩いた。午後3時頃弟と別れて私はケーブルの走っている丘の方に行った。弟は、蚤の市に時計を探しに行って、懐中時計を買った。

夕方7時発の列車でバルセロナを発って、スイスのローザンヌに向かった。途中のフランスの南海岸はちょうど真夜中になるのでパスした。列車をホテルがわりに使うようになったので、どうしてもこういう動き方になってしまう。ヨーロッパって狭いんですね。

2日（水曜日）の朝8時半にローザンヌに着いた。

列車内で知り合った人と一緒にユースホステルに行って、荷物を置いてから、列車でベルンまで行ってきた。とにかく寒かった。5時にローザンヌに戻ってきて、レマン湖畔を散歩した。これがスタンダールの作品で有名なレマン湖なのかと思った。曇っていたせいか、想像していたような印象ではなかった。

それより記憶に残っているのは、パンが黒っぽくて、非常にかたかったことだ。備蓄した昨年の粉を使うのでこうなるのだそうだ。

3日（木曜日）、朝9時半に出て、フランクフルトに午後4時半に着いた。市電でユースホステルに行って、泊まった。

翌朝、フランクフルトをぶらついてから、ハイデルベルクまで行き、夕方まで時間をつぶした。

ハイデルベルク駅の売店で、ドイツ語で、「マーガリンはありますか」と尋ねたのが記憶に残っている。西ドイツはだいたい英語が通じたので、ドイツ語を使う機会はほとんどなかった。

この晩の夜行でイタリアに向かった。寒いせいもあるが、ヨーロッパを見たいという気持ちがもうなくなって、早くアジアに入りたいという気持ちがどんどん強くなっていた。これでヨーロッパは切り上げて、後は南下して、イタリアから船でギリシャに渡り、トルコに入ろうと思った。

5日（土曜日）の夕方5時にローマに着いて、予定していたユースホステルに行くと満員で、断られた。同じように断られた手塚さんという人と一緒に、3人で、別のユースホステルに行ったが、そこも満員だった。それで、延々とローマの町の中を歩き回って宿探しをすることとなった。おかげで、バチカン市国を途中で通った。地図で確認したら、ローマ駅からは遠くない。

やっと夜11時頃安宿が見つかった。英語は通じなかったが、おかみさんはフランス語が分かり、弟が交渉した。補助寝台を入れてくれて、3人一緒の部屋に泊まれた。手塚さんは電気学者なんだそうで、その関係の本をスイスで買い、バッグの中は本でいっぱいだった。それをもって長時間歩き回ったので、疲れ果てた様子だった。

翌日12時頃に宿を出て、午後2時に急行でナポリに向かった。向かい合った席におじいさんと男の子がいた。4時にナポリに着いたとき、おじいさんに「アリベデルラ」（さよなら）と言ってみたら通じて、「アリベデルラ」と返事があった。「ラ」のところにアクセントがあった。この挨拶は

ＪＴＢの６カ国語会話帳のイタリア語のところに載っていたので、使ってみようと思っていた。ナポリでも安宿に泊まった。やっと余裕が出てきたようで、夜はピザ屋に入って、初めて旅行者風の感じで食べた。ピザをたくさん食べて、満腹した。

７日、午前中はナポリの海岸沿いを歩いた。ナポリの町全体が汚れていてきたない感じがした。ナポリは物騒な町だときいていたが、ローマも同じで、前夜ユースで会った日本人の４人グループもたかられて、１人１００ドルずつ、４００ドルもとられたと話していた。

昼食は、昨夜の満腹感が忘れられなくて、レストラン風の店に入って、スパゲッティと、あと、なんだか分からないが、メニューにある一番安いものを注文したら、これもスパゲッティを細かく刻んだ、ほとんど味のないスープだった。苦笑してしまった。デンプンばかりでまいったが、スパゲッティはさすが本場で、なかなかうまかった。

午後3時過ぎの列車でナポリを発って、夕方、アドリア海側のブリンディッシに着いた。駅で、今日出る船は高い、と言われて、明日の切符を買った。そして、安宿に泊まった。

翌朝、買い物をかねて港に行ってから、11時前に宿を出た。そして、出国手続きを済ませてから一日船待ちをした。

この時に出会った日本人の旅行者から、チェックを小さい額のものに細分化することと、ドル現金を持っていることが必要だとアドバイスされた。チェックを細分化するのはアメリカン・エキスプレスでしかできないので、とりあえずドルの現金をつくることにした。50ドルのチェックをギリシャのドラクマに換え、それをドル現金に換えることができた。バカみたいに思われたのだが、ドルのチェックをドルの現金にするということはできないので仕方ない。50ドルでは十分ではないと思われたので、もう1回、同じことをやった。

結果的には、大変賢明だった。出入国時の少額の両替だけでなく、ビザ料金支払いが米ドルに限られている国があったりして、もしドルの現金を持っていなければ動きが取れなくなっていた。

船は、夜の10時半に出航した。乗ってからもトラブルがあった。われわれと同じように買った人たちはみな、船室内のベッドだと言われていたのだが、実は、デッキクラスだというのである。だまされたわけである。しかし、船長は慣れた感じで、ベッドを使っていいと言ってくれて、それで収まった。イタリアって油断できないところなんですね。

船は9日（水曜日）、午後6時40分に、ギリシャのパトラスに着いた。ほとんどの人はそのまま列車に乗り継いでアテネに向かったようだが、われわれは港の前にあるホテルに泊まった。買い物をして、夕食は食堂で腹一杯食べた。2人で90ドラクマ（1ドラクマ10円）だった。

『アジアを歩く』はギリシャから始まっていて、ここからわれわれは、この本を頼りに動き出したのである。この本で、パトラスのあるペロポネーソス半島についても書かれていて、オリンピアに行ってみようと思ったのだった。

翌10日（木曜日）、弟から言われて誕生日だと気がついた。26歳になった。

午前11時半頃ホテルを出て、午後1時前の列車でオリンピアに向かった。のんびりした景色に気持ちものんびりしてきた。午後3時過ぎに着いた。小さな村だった。ユースホステルに行ってから、4時過ぎにゼウスの神殿跡を見にいった。草のにおいがして、気分がとても落ち着いた。青や緑が深く感じられた。

手帳にヘルダーリンのことが書かれている。ヘルダーリンはギリシャに傾倒し、ギリシャを舞台にして書いた人であった。

夜は、ユースで、徴兵拒否のため旅行中のドイツ人と話した。

11日(金曜日)、翌日が土曜日で、週内にアテネでいろいろやることがあるため、ペロポネーソス半島巡りは切り上げて、朝7時発の列車でアテネに向かった。午後3時にアテネのペロポネーソス駅に着いた。8時間かかったのだが、途中景色をずっと見ていて、全然疲れを感じなかった。

駅に荷物を置いてから、日本大使館で日本からの手紙を受け取り、アメリカン・エキスプレスに行って両替した。その後、中心部にあるホテルにチェックインした。Ermionという名前のホテルで、『アジアを歩く』には一つ星で、50ドラクマよりとなっているから、1泊500円ほどということである。屋根裏部屋みたいなところで、明るかった。屋根の上にネコが寝ているのが窓から見えた。夜、駅に荷物をとりに行き、帰りに買い物をした。

翌日、また日本大使館に行った。日本大使館は歩いていけるところにあった。この大使館は、当時、親身になっていろいろ旅行者の相談に乗ってくれたり、さまざまな情報が得られるということから旅行者から非常に評判がよくて、旅行者のたまり場みたいになっていた。実際、いろいろ旅行のアドバイスをしてくれた。

アテネではたくさんの日本人旅行者に会ったが、たいていユースホステルに泊まっていて、国際学生証を持っていた。その多くは偽学生で、通りがいいようにと日本大学にする人が多いとのことだった。全然何も持っていなくても、お金を払えば簡単に偽の学生証がつくれるという話だったのだが、前記のようにたまたま国際学生証の申請用紙を持っていたので、それを持って学生証作成業務を取り扱っている旅行代理店に行ったら、国際学生証をつくってくれたのである。また、この店では格安のチケットも販売していて、先に書いた、カルカッタから羽田までの航空券はこの店で買ったのだった。この当時アテネは安い国際線チケットを買うには最適な町の一つと言えた。

アメリカン・エキスプレスにもまた行って、航空券代を両替したほか、チェックの細分化もできた。旅行店もアメリカン・エキスプレスもアテネの中心になるシンタグマ広場に面していて、とても便利だった。

夜は、市場町を歩いた。アクロポリスに行く方向の手前にいろんな店が集まっていた。タベルナ（バンド入り料理店）で食べた。

翌日は日曜日で、アゴラ（古代の市場）とアクロポリス、ゼウス神殿を見に行った。彫刻のキリッとした感じとは対照的に、町の人々の顔は憂鬱そうに見えた。気質なのだろうか。夜、イスタンブールへの列車が出るラリサ駅に様子を見に行った。

14日（月曜日）、買い物をして、旅行中の食べ物の準備をしてから、11時頃ホテルを出て、ラリサ駅に行き、イスタンブールまでの切符を買った。この列車は、学割がきかなかった。中心部に戻って、夜までいたが、ドルの現金をもっとつくっておくべきかどうか迷っていた。結局、新たにドル現金をつくることはしなかった。実際に動いてみないと、どれぐらい必要なのか見当がつかなかった。

夜8時発の列車でイスタンブールに向かった。イスタンブールまで34時間ということで、どうなるかと思っていたのだが、うまい具合に日本人旅行者だけ4人の座席になって、気分的にとてもラクだった。

一緒になった日本人旅行者は、これからシリアに行くのだそうである。ほれぼれするほど落ち着いていた。1974年当時でもヨーロッパは日本人旅行者でいっぱいであった。旅行自体も冒険なんて感じのものとは全然違っていた。ヨーロッパ内でユーレイルパスを利用している日本人は貧乏旅行者が多くて、だいたいがわれわれと同じように夜行列車をホテルがわりに利用していたのではないだろうか。食事なども、われわれと同じように自炊タイプが多かったようで、西ドイツで実際に見かけたのは、若い日本人旅行者が昼間、列車内で生のキュウリをかじって、それを周りの乗客がうさんくさそうに眺めている光景である。なにしろ、1等車なんですからね。

アテネでも、結構たくさんの日本人旅行者に会った。そして、イスタンブールに向かった列車にも、われわれと一緒の座席に座った2人の他に、もう2人日本人がいた。こんなふうで、この段階では不安なんて全然なかった。
ギリシャの神殿などは遺跡ということが明瞭で、大きさ自体もそんなに大したものではないので、専門にいろいろ勉強している人ならばともかく、圧倒されたりするような感じのものではない。それよりは、現代のギリシャ人との落差が非常に感じられた。その体験からすれば、ちょっと前にあったギリシャの経済的危機も不思議とは思えない。

ずっと後のことになるが、2010年にアイスランドに行ったとき、野田知佑『旅へ　新・放浪記』（ポプラ社、2010年）という本を持っていった。野田さんは1938年生まれであり、私よりちょうど10年先輩である。1963年に早稲田大学を卒業し、ナホトカ航路ではじめて海外に出たのが1965年である。野田さんは、北欧のあと南下してイタリアのブリンディッシまで来て、われわれと同じように船でギリシャに渡ったのである。彼はアテネについて、次のように書いている。
「アテネを終日歩きまわった。3000年前の廃墟は見事だったが、現代のアテネはみすぼらしかった。」（99頁）
111頁に、パルテノン神殿をバックにした野田さんの写真が載せてあり、その写真には次のような説明がついている。
「ギリシャを旅行するおかしさは、誰もが、現代ギリシャを無視することだ」

野田さんはアテネのユースホステルに泊まっていた。そこで、ギリシャのユースにはギリシャ人の泊まり客がいないということが話題になったのだそうだ。なぜか。この国の青年はみんな働いていて、それもたいていは外国に出稼ぎに行っているからというのである。肌が白い分東南アジアの黄色い奴らよりましということで、当時オーストラリアからもいらっしゃいと声がかかり始めていたのだそうである。

野田さんがオリンピアに行った時の文章も掲げておこう。

「2500年前の競技場はそのまま残っていて、夏の太陽の下で陽炎をゆらめかせて焦げていた。1周300メートルほどのトラックを石段の観覧席がぐるりと囲んでいる。誰もいない。無人のオリンピアの熱く焼けた石に座っていると空しさが強く胸を噛んだ。俺は何でこんなところにいるのか。どうしてこんな荒涼とした所に来てしまったのか。」(106頁)

アテネのユースホステルに泊まっている人間は、日本人だけでなく外国人も含めて、当時ハッキリ2種類に分けられたという。

一つは、大学、大学院に在学中であるとか、海外青年協力隊等の任期が終わって帰途ギリシャに寄ったとか、帰国すれば世の中に受け入れられ、社会の主流として歩める「青春組」。

もう一つは、学校や会社を辞めて飛び出してきたりして、何をしていいか分からずブラブラしている「落ちこぼれ組」。

野田さんは後者で、だから、ギリシャもゆっくり旅している。ブルガリアとの国境に近い湖で潜ったり、泳いだり、魚を釣ったりしている時に地元の人たちに日本の哀しい民謡や子守唄を歌うと、お年寄りたちは目に涙を浮かべてきいたそうだ。ギリシャ人は日本人と似た感性を持っていると彼は言う。

野田さんはクレタ島にも長らくいたらしい。地元の人たちの様子が書かれている。ゆっくり旅をするのは、いろんな悩みや迷いを抱えてのことだから、苦しいことなのである。そういう旅人にギリシャはとても優しいところのようである。普通それは「グリーク・ホスピタリティ」と言われている。

と書いて、私が1982年に、ソ連からハンガリー、ユーゴスラビアを経てギリシャに入った時のことを思い出した。

私はこの年の7月30日、午後1時55分発の国際列車でベオグラードを発ったが、超満員で、入口の横にリュックを置いて尻もちをついた状態で国境を越えた。座席に座れたのは翌日昼過ぎである。夏休み中の、ヨーロッパの北から南への人の移動は本当にすさまじい。8月1日の夕方5時半にアテネに着いた。迷うことなく安宿が集まっている地区に直行したが、どこも満員だ。非常に疲れていたので、野宿はしたくなかった。高い銭を出すしかないかな思いながらブラブラ歩いていたら、「休業中」の看板をかけたホテルからにゅっと若い男の首が出て、泊めてあげる、と言う。男は留守番の人で、泊めてあげるけど、他の人は連れてこないように、ということと、目立たないように出入りしてくれと言われた。しばらくして、もう1人若い女性が入ってきた。この女性は旅行者で、ここに居候し始めて2カ月になるそうだ。掃除婦のアルバイトのようである。暗くなるまで一緒にテレビを見て（英語の放送だった）、それから食事をしに外に出た。

人混みに行くと、できあがったばかりのカップルでいっぱいである。もちろん、女の方はギリシャ人なのだが、お世辞にも楽しそうには見えない。貧しい国に生まれると損だな、と、これらの娘たちがかわいそうに思われた。

ホテルに戻るとホテルの所有者が来ていた。私を泊めたことは留守番の人の権限外だったようで、料金の半分支払うということで決まった。10ドルぐらいだった。通された部屋はアクロポリスの正面が眺望できる素晴らしい部屋だった。

翌朝、このホテルのそばに安宿を見つけて移った。アテネの混雑ぶりを見て旅を続ける気力がなくなり、帰国のため旅行会社に行こうと思ってシンタグマ広場の方に行った。その手前の路上でブローチなどを広げているおにいさんに会った。この人には、朝のホテル探しの時にも会ったのだが、日本人には見えなかったので声をかけなかった。今度は彼の方から声をかけてくれた。かぶっている帽子が、ギリシャ帽というのか、つばの短い黒い布製のもので、日本人に見えないのはそのせいもあった。並んで座って話した。

彼はその時旅行を始めて8年というから、野田さんと同じ頃旅を始めたのである。ギリシャにはアルゼンチンからやって来た。「沈没」の名所、チリのバルパライソにもいたのだそうだ。話しながらも手を休めずに商品をつくっていた。実にうまい。商品もよく売れる。話の端々に、人と同じことをやっていてはダメだ、という、たぶん彼の信条らしい考えが混じる。実際、これはこれで独立した商売と言えるだろう。ただ、無許可営業なので、摘発されれば国外追放となる。この日も、1回、警官が来たとき、私はかわりに番をさせられた。ただの交通整理だった。ホッとしたように彼は物陰から戻ってきた。ずいぶん気疲れすることだ。

途中私は旅行社に行って、日本へのチケットを当たったが、適当なのがないため翌日また行くことにして戻った。

午後3時頃、商売を切り上げた彼と博物館前に行った。ベンチで休んでいるとギリシャ人2人が来た。1人は片言の日本語を話した。30年前に日本に行ったことがあるそうで、もうじいさんだが、顔はつやつやしている。床屋だそうだ。さらに後から日本人の若い女性がやってきた。この人は旅行者で、3日前にアテネにやってきた。道に迷っているところをケンイチさん（と、路上で商売していた人を呼んでいた）に会い、案内してもらい、前夜ケンイチさんとタベルナに行ったとき、このギリシャ人のじいさんに会い、意気投合して朝3時まで浮かれ騒ぎ、この日のデートの約束ができたのである。

今日は、女性がじいさんの床屋を見に行くのだそうだが、ふたりきりではいやだと彼女は言う。しばらくコーヒーを飲んで話した後、ケンイチさんは帰り、女性と私がじいさんのところに行くことになった。こんなじいさんが何かするとも思えないし、女性の方も私には特に美人と思えなかったのだが、まあ、ついていってみることにした。

床屋までの途中に、またがるようにして大きな公園があり、花園で女性に頼まれて写真を撮ったときは、じいさんは、豆を買ってきて鳩を集めるという親切ぶりを示した。

「でもねぇ、ギリシャ人のホスピタリティっての、しつこいのよねぇ」

女性は私にそう言った。

この5年、夏になるたびに旅行を繰り返してきたそうだ。前の年はインド。しかし、完全な個人旅行は今回が初めてだとか。

床屋に着くと、じいさんがシャンプーで頭を洗わせてくれ、と言う。もともと、女性に髪を切らせてくれと言っていたのだが、彼女がウンと言わないものだからこうなった。まず私からということになって、頭のマッサージをしてもらっているうちに眠くなった。この後、彼女がやってもらっている間、床屋の中を観察した。日本紹介の本がある。前年の日本のカレンダーもかかっていた。親日家らしい。ギリシャは船員が多いので、実際に日本に行った人もかなりいて、沖縄を知っている人もいる。

頭を洗い終わってから、今度は大きなマンションに行った。そのかなり高い階の部屋に入る。でっかいおじさんが出てきた。この人は画家である。この部屋は、画家のアトリエで、日本人女性の絵を描いてもらうんだとか。本気なのかね。時間がないので、写真を写し、それを見ながら描く、ということになった。

壁に掛かっている彼の作品を見ると、ミカンよりミカンらしい絵ってのがありますね、そういう絵である。写実というのとはちょっと違う。

画家の趣味というのが面白い。望遠鏡で星を見ることと、ハム通信だ。置いてあった望遠鏡をのぞいてみたら、あっちの方の家がうつっていた。何を見ているのだか。

しばらくして、このマンションを出て、今度はステレオ屋に行く。ここも床屋の友達らしい。店内をちょっとのぞいてから、その前の路上のテーブルに腰掛けて、ソーダ水を飲む。ステレオ屋の隣でコーラなどを売っている。

そのうち、画家も来てだんだんにぎやかになる。若い男女も数名加わる。ビールが出て、それから床屋が大きなピザを二つ買ってくる。非常においしい。

座の中心は画家で、ゆっくりと太い声で英語を話す。すごい肺活量だと感心する。床屋の方は英語はまったくダメなため、取り残された形になる。

日本人の女性が、これは序の口で、この後も延々と続くのよ、と言うので、ピザもあまり食べ過ぎないように注意する。

しかし、床屋は、夜10時半頃、先に帰ってしまった。

帰り際に床屋は私に、ささやいた。

「彼女に嫌われたらしいから、帰る」

本当に悲しげに言うのでおかしくなった。

女性からバカにされていたのは事実だが、それに気づいていたようにも見えなかった。デリケートな人だと感心する。女性の態度は、確かに、ホスピタリティに対する応え方としては失礼なところがあったと私は思う。

2次会は結局なくて、タクシーに乗せられて日本人女性と一緒に2人でシンタグマ広場まで帰ってきた。タクシー代は、乗るときに画家があらかじめ払ってしまった。日本人の女性はステレオ屋からギリシャの流行歌を吹き込んだカセットをお土産にもらった。それに、画家からは、明日は泳ぎに行こうと誘われたのだそうだ。結構なことだ。ホテルまで彼女を送って別れた。

翌8月3日、エジプト航空の安売りチケットが手に入った。4日の夕方アテネを発ち、カイロに1泊してから成田に向かった。

以上が1982年のことである。

1974年の旅に戻ると、われわれの旅は、「青春組」だったのだろうか、それとも「落ちこぼれ組」だったのだろうか。青春組でないことは確かだが、じゃ落ちこぼれ組なのかというと、少なくとも意識的にはそうではなかったし、何しろ予算が限られていて、野田さんのようにゆっくり旅をすることはできなかった。日本社会全体としては、野田さんの頃と比べると海外に出るということがそれほどご大層なことではなくなってきて、海外に出たからどうこうというような考え方は筋目としての意味を失いつつあったのかもしれない。さらに82年になると、日本でも女1人で海外に出るようになっていたわけである。

10月15日(火曜日)、列車はギリシャとトルコ国境に向かって走った。ギリシャも北の方に行くと緑の風景が出てきて、バルカン半島の田舎の感じになってくる。

午後4時半頃になるとだんだん国境が近づいてきて、乗客の雰囲気も緊張で重々しくなった。憂鬱そうな表情が多い。

夕方のまだ明るいうちに国境に着いた。ギリシャ側の荷物検査は厳重を極めた。座席の座るところが蓋みたいになっていて開けられるようになっていたが、それを一つ一つ開けていくのである。ただ外国人のわれわれはフリーパスに近かったし、隣の座席に座っていたトルコ人の家族は非常に落ち着いていた。それでも、女の人はやっぱりパンがのどを通らないようだった。

窓からは軍用車両を積んだ列車が並んでいるのが見えた。

ギリシャ側の手続きが終わって、しばらくしてからトルコ側に入った。とたんに明るい空気に変わって、陽気な笑い声がはじけた。

1973年からギリシャはキプロスをめぐってギリシャとトルコと一触即発の状態だった。翌74年7月になってギリシャは軍政が崩壊し、民政に移管した。そして、キプロスでは8月16日に停戦が実現したばかりだった。

列車から動いた記憶がないので、われわれのパスポートは集められて、入国スタンプを押してから返してくれたのではなかったかと思う。

16日（水曜日）、夜が明けるとのどかな田舎の風景が広がっていた。ヨーロッパみたいにちゃんと整序された景色ではなく、素朴だった。ニワトリが動き回っていたのが記憶に残っている。

そして、午前11時半にイスタンブールのシルケジ駅に着いた。日本人6人でスチューデントホステルというドミトリー式の安宿まで歩いていった。『アジアを歩く』にも載っていない安宿で、たぶん1人1泊1ドル内外だったであろう。

イスタンブールはボスポラス海峡をはさんでヨーロッパ側とアジア側に分かれているが、ヨーロッパ側は南北二つに割れていて、南北をつないでいる橋の中で海峡側に一番近い橋が有名なガラタ橋である。シルケジ駅はガラタ橋の南側近くにある。

宿代が安いせいもあるが、イスタンブールに着いてからゆっくり腰を下ろしたような感じになって、ブラブラしながら6泊した。スチューデントホステルは日本人旅行者のたまり場になっていて、プリンディッシで会った日本人なども後からやってきた。『アジアを歩く』の著者と知り合いだという人もいた。

食べ物はだいたい自炊でやっていた。山羊の乳からつくられた白いチーズがおいしかった。トルコはチーズの発祥地なのだそうである。チーズというより、プレーンのブルガリアヨーグルトのような感じである。

生で食べられる野菜や果物もいろいろあった。トマトが小さいけれどもおいしかった。パンは普通のフランスパンを売っていた。

ガラタ橋では、釣ったばかりの魚をフライにして路上で売っていた。プディングショップという旅行者のたまり場になっている喫茶店もあったが、1、2回しか行かなかった。

トイレは、紙を使わないで水を使う方式に変わった。トルコ以降インドまでこの方式で、トイレの中に水が置いてあるか、水道の蛇口とコップがある。

同宿の日本人の人たちとイスタンブールの町の中を歩き回った。一番行ったのが、やっぱりガラタ橋の周辺で、このあたりはいつも活気があって飽きなかった。イスラーム寺院も珍しかった。橋の南側にエジプト市場という露店市場があって、そこで、トルコナイフというのだろうか、細長くてとてもよく切れるナイフを食べ物を切るために買って使い始めたのだが、宿の共同の机の上に置いておいたら盗まれてしまった。

19日（土曜日）には、弟と2人で、ヨーロッパ岸の一番北にある港町サリエルまで船で行った。曇っていてちょっと寒かった。着いてから、ふるいレストランに入って食事をして、帰りはバスで帰ってきた。

ちょうど週末にかけて4日間祭日が続くのだそうで連休になっていて、日曜日までは旅行代理店や銀行は閉まっていた。この間に考えたのはこれからどう動くかである。

われわれはふたりとも遺跡の類には全然興味がなかった。トルコからシリアに入るということは一応考えたのだが、国境が閉まっているそうで、実際行ってみたら入れないので引き返してきたという人がいた。

それで、イランに入るということに決めたのだが、一番ポピュラーなのはイスタンブールからテヘランまでの国際列車である。『アジアを歩く』によると、ヴァン湖急行というのが水曜日発で週1本走っている。所要73時間、3059キロ、11~22米ドル。食料を持参すること、とあり、15時間程度は延着するというから、3日半ぐらいはかかる。3日分の食事の準備もすごい量である。いやはや大変だ思われて、とても乗る気になれなかった。もうちょっとゆっくり行きたいし、途中全然降りないでテヘランまで行くだけなのもつまらないではないか。

『アジアを歩く』を読んで、私が一番気に入った行き方は、船で黒海沿岸のトラブゾンまで行って、あと、エルズラム、ドウバヤジットを経て国境までバスで行くという方法である。イスタンブールからトラブゾンまで船で2日間、トラブゾン・エルズラム間とエルズラム・ドウバヤジット間がそれぞれバスで7時間、あと、国境までミニバスで1時間。

船には寝台、食堂があるという。素晴らしい。

ところが、同宿の日本人の人たちがこれからまとまって国際列車で行くようで、そして、弟も彼らと一緒に行きたいという。しかし、私はもう、船とバスで行くと決めていて、列車で行く気はなかったので、結局、弟とは別々に行くことにした。そして、20日(日曜日)の夜に荷物を分ける作業をした。一つあれば足りるものは二つ持ってきていなかったから、あまりうまくは分けられなかったが、まあ、ないものは現地調達すればいい。最初からそうした方がよかったぐらいである。

ところが、翌21日（月曜日）に私が船の切符を買いに行く段になったところで弟が折れ、私と一緒に船で行くと言い出した。どうして考えが変わったのか、細かな事情はよく分からないが、どうやら一緒に行くことになる日本人たちと距離を感じたようだった。

4、5人の中のリーダー格の人は高校を出てから働いていた愛知県の人で、若くて元気はいいのだが、日本の田舎の青年団みたいな感じなのである。何をやるにも団体行動で、一緒に行動しないとすぐに村八分になってしまいそうである。見たところ落ちこぼれ組というのでもなく、なぜわざわざ海外にまで出てきたのかよく分からなかった。こういう人たちもやっぱり日本に適応できなくなったということなのだろうか。

この日は、午後、港の船会社に直接行って切符を買ってから、船内で食べるための食料を準備した。サンドイッチは大きなビニール袋二つ分ぐらいにもなった。

翌22日（火曜日）の朝乗船した。ツーリストクラスで、ベッド付きである。船倉みたいな所に100ぐらいもベッドが並んでいて、ガラガラだった。

10時発ということだったが、実際に出たのは午後1時半頃である。1時間ほどでボスポラス海峡を抜けて黒海に入った。陸が見えるぐらいの所を東に向かって船は進んでいった。

夜は非常によく眠れた。エンジンの響きに誘われてすぐに眠くなった。いくらでも眠れた。

翌23日（水曜日）はよく晴れていて、デッキに出て陸を見ていた。いくら見ても飽きなかった。

黒海という名前から暗い色を想像していたのだが、普通の海である。外国人の旅行者も結構乗っていて、カップルもいた。米国から来た旅行者もいた。

夕方サムスンに着いた。停泊中、下船して、散歩した。青年と子どもたちがわれわれの方に近づいてきた。青年は学校の先生だそうで、片言の英語が通じて、われわれが日本人だと分かると大騒ぎだった。日本は非常に人気があるんだなと感じた。日本のものがほしいと言われて、持っていた切手をあげた。

サムスンで兵隊さんがたくさん乗ってきて、われわれがいたところのベッドは満杯になった。トイレも洗面所もいつ行っても使用中になってしまった。しかし、兵隊さんたちは穏やかな感じで、怖くなかった。みんな若かった。

この夜は奮発して、食堂に行って、夜景を見ながら食べた。高いんじゃないかと思っていたら、そんなでもなく、これだったらずっと食堂でもよかったと思った。ちゃんとスープとか出てきて、立派なものだった。

24日(木曜日)の正午にトラブゾンに着いた。降りてみると意外にたくさんのバックパッカーが乗っていて、われわれ以外は皆白人だった。われわれも入れて9人でミニバスをチャーターして、イランとの国境まで行くことに決まった。というわけで、休む間もなくあっという間に国境を目指して走り始めたのである。

夜遅くなって、エルズラムに着いた。ここでしばらく休憩したときに、パン屋が開いていたので、まるい大きなパンを買った。イーストの入っていないヌンである。
再び走り始め、25日（金曜日）の朝、国境近くまで来た。アララト山（標高5137m）が目の前に見えた。旧約聖書にでてくるノアの箱舟が大洪水の後、流れ着いたとされる山と目されている。動くに連れて見え方が変わっていったが、本当に雄大な眺めだった。

国境に着いて、トルコを出国し、イランへの入国手続きをした。日本人の場合、当時はイランはビザが必要でなく、手続きも簡単だった。それが終わると、テヘラン行きの直行バスが待っていた。それにみんなで乗って、後の方に陣取った。バスの前の方にはイスタンブールで顔見知りになった日本人が何名かいた。

途中の休憩所でカバブというのを食べた。細長い米粒の、さらさらなご飯がアルミの皿に山盛りになっていて、そのてっぺんに羊肉の塊がのっている。野菜は生のタマネギを薄切りにしたものだけで、あと、ヌンがついている。これで栄養は取れるのだろうか。飲み物は、チャイ（紅茶）。礼拝時間になるとバスは停車して、イスラーム教徒の皆さんは敷物を地面に敷いて、同じ方向に向かってお祈りした。

26日（土曜日）早朝、テヘランに着いた。
一緒に動いていた白人たちは、すぐにヒッチハイクのため、大きな道の前に立った。『アジアを歩く』にも書いてあるが、この国では誰だってヒッチをやる。テヘランの町中でさえ、主要道路にはヒッチをやるおじさん、おばさんがあふれていた。ヒッチは原則有料である。手をあげれば、車はまず確実にとまってくれる。そして、行き先が同じ方向なら乗せてもらえる。

われわれもまねて、ちょっとやってみた。しかし、われわれの行き先はメシェドで、テヘラン市内やその近郊ではないから、市内を走っている車をとめてみても見つかるはずがない。実際、停まってくれた人から、バスを探しなさいと言われた。その助言に従ってバス会社に行った。午前11時発のメシェド行きのバスがあったので、その切符を買った。テヘランに着いたばかりというのに、もう出発と相成ったのである。

行き先については、イスファハンに行こうかと迷って、弟と相談はした。イスファハンへはテヘランから1時間に1本バスが出ていて、7、8時間で行ける。しかし、イスファハンからメシェドにまっすぐ行く道はなく、テヘランにまた戻ってこなければならない。そのため、時間的にきついように思われて、イスファハンには行かないことに決めた。

その後、沢木耕太郎の『深夜特急』の中で、イスファハンについて書かれている部分を読んで、この町を訪れなかったことが悔やまれた。いずれ機会があれば行ってみたいと、今日まで思い続けている。行けるときに行っておかないと、と思うようになったのもこの時の経験が大きい。

バスに乗るまでに、ホットドッグを立ち食いし、バス会社がテヘランのど真ん中にあったので、町の中をちょっとだけだが歩いた。人々は首都らしく動きがきびきびしていた。

時間通りバスは出発した。テヘランからメシェドまで927キロ、道は舗装されていて快適な旅だった。車内でよく眠れた。

27日（日曜日）朝6時半にメシェドに着いた。

アフガニスタンの領事館に行って、まずビザ申請手続きを済ませてしまった。米ドルが必要だった。イスラーム圏では金曜日が休日で、日曜日は事務所等は普通に開いている。

その後、偶然会ったイラン人学生が車に乗せてくれて、『アジアを歩く』に載っているナデリという安宿に連れていってくれた。ホテルの中に入ったところが大きなドーム状になっていて、その側面と奥に客室が配置されていて、ゆったりとした感じがした。ここに、日本人旅行者も1人泊まっていた。この人は、4年間ドイツに住んでいたということだった。

連れてきてくれた学生は、それから車で町の中を走ってくれた。メシェドはイスラーム教シーア派の大本山イマ・レザ廟がある。そして、その後、大学生の自宅まで連れていってもらった。学生はいかにも欧米化された感じだった。体格もいいし、堂々としていて、私から見ると欧米人そのものに見えた。ところが、自宅に行ったら、そこには大きなじゅうたんが敷かれており、家族らしい人が円座になっていて、ああこれがペルシアなんだなと思ったのである。

午後は、同宿の日本人と一緒に、イマ・レザ廟の周辺に集まっているバザールを散歩した。食事はホテル内でできた。

翌28日（月曜日）の朝、アフガニスタンのビザを受け取った。午前中は寝直してから日本に手紙を書いたりしてゆっくりした。何しろ、トラブゾンについてから3日連続でバス泊だったのでくたびれていたはずである。しかし、勢いがついていたのだろう、気分はとてもよかった。

この日も、同じイラン人学生が車で来て、町の中を走ってくれた。

29日(火曜日)、朝8時半発のバスでアフガニスタンとの国境に向かい、昼過ぎに国境に着いた。『アジアを歩く』には、大麻の密輸防止のため、両国境間はアフガニスタンのミニバスだけが運行されていると書かれているが、乗り換えた記憶がない。


アフガニスタンに入国し、国境の町イスラムカラーからバスで、夜8時半にヘラートに着いた。バスを降りたところからすぐそばの安宿に泊まった。

着いてすぐに買ったのは大きなメロンである。売っていたのは、かごをぶら下げた少年で、ちょうど空には月が出ていて、まさに月下の美少年という感じだった。今も鮮明に思い出す。メロンは大きな冬瓜のような形で、ナイフで輪切りにして、黄色い実を吸うようにして食べた。甘かった。

生水は絶対ダメだ、ということなので、水がわりにした。

お茶は、いたるところにあるチャイハナで熱い紅茶が飲める。

ヘラートは小さな町で、1時間もあれば歩いて回れるのだが、この町に3泊した。町中でまだ馬車が見られた。トラックも結構走っていたが、カラフルである。色とりどりにいろんな絵や模様が描かれている。

バザールは、中世みたいだった。ヘラートという町は紀元前330年頃にマケドニアのアレキサンダー大王が砦を築いて以来破壊と再建の繰り返しであったとされるが、われわれが感じたのは、そういうのはもうはるか彼方の昔のことで、この町が現代にたどり着くなんてとてもじゃないが無理じゃないか、と。その後、アフガニスタンが国際紛争の現場になって、われわれが通った町がニュースで出てくるたびに奇妙な感じがした。

バザールでは干しぶどうなどのドライフルーツやひまわりの種などが売られていて、買っておやつにした。

ここのご飯というのがまたカラフルで、カレー粉で黄色い色のついたご飯に肉の塊がのっていて、それに干しぶどうがまぶしてある。

「バクシーシ」という言葉もこの国に入ってからなじみになった。乞食が恵んでくれというときの言葉である。

31日（木曜日）、下痢がひどくて午前中寝ころんでいた。この日の昼に翌朝のバスの予約をした。ロンドンから来たという青年と相部屋になった。

11月1日（金曜日）、6時半発のバスでヘラートを発ち、南の方に向かい、午後3時半にカンダハールに着いた。バスの便を考えて、バス会社の斜め向かいにあるマハジホテルという二つ星ホテルに泊まった。カンダハールには2泊した。ヘラートより大きな町である。治安がよくなくて、昼間は普通に歩けたが、暗くなるとホテルから出ないように制止された。夜になると政府の支配が及ばないということだろう。

翌2日（土曜日）の夜は停電が長く続いた。

3日（日曜日）、午前11時半のバスでカンダハールを発ち、夕方7時半にカーブル着いた。途中道は舗装されていた。

着いたら大変寒かった。客引きが何名か来ていたうちから、パキスタンに向かうバスが出る所のそばにあるホテルに決めて、タクシーで行った。新市街で、街路がちゃんと整備されていた。ここも、最初は数日の予定であったのが、結果的には11泊もすることになってしまった。弟がアフガン熱にやられてしまったのである。

カーブルに着いた翌4日（月曜日）は、日本大使館に行って手紙を受領したり、バザール周辺を散歩したりした。

カーブルの町には女性がほとんど歩いていなかった。バザールで買い物しているのも男性なのである。それから、道路に面して高い壁が設けられていて、歩いても壁しか見えず、外壁と外壁の間を歩くことになる。建物の中央部に中庭がある方式である。

5日（火曜日）にインドビザの申請と両替をした。パキスタン政府バスの切符も購入した。

6日（水曜日）、前夜から下痢が激しく、私は一日寝ていた。弟は午前中、ホテルのマネージャーと一緒にアフガンジャケットを買いに行って元気だったが、夜になって39度の熱を出し、サルファ剤を服用した。

7日（木曜日）、午前中はホテルでゆっくりした。弟の熱は昼に下がった。午後、インドのビザを受け取りに行った。私の下痢もだんだんおさまった。夜、ホテルマネージャーと時計の面談をしたと、手帳に書いてある。ホテルのマネージャーがわれわれの持っている時計をほしがったのである。もちろん時計は必需品なので売らなかった。お金に困ってもいなかった。

8日(金曜日)、朝起きると、弟はまた39度の熱を出していた。それで、パキスタン政府バスはキャンセルした。

この日、イスタンブールで会った日本人2人に同じホテルで再会したほか、別の日本人2人が移ってきた。おじさんと甥のようで、おじさんは細菌学の研究をしている人で、医師だった。その人が弟についていろいろアドバイスをしてくれた。

弟がなぜ熱を出したのかといえば、生水を飲んでしまったからである。散歩しているときにアイスキャンデーを売っていて、うっかりそれを買って、食べてしまった。アイスキャンデーというのも水じゃないかと気がついて、私はすぐに吐き出した。当時ヨガの呼吸法をやっていた関係で、食べた物を吐いたりすることは慣れていた。弟の方はそのままだった。アフガニスタンで下痢をすると、ものすごく気分が悪くなり、高熱も出る。それをアフガン熱といっていた。

どんなに注意しても、生水を全然摂らないということは難しくて、例えば食事の際の生野菜など非常に危ない。

医師の人は、リンゴを買ってきてそれをかじって、汁だけ吸って、実は吐き出しなさいと助言してくれた。

紅茶なども、熱いうちに飲みなさいといわれた。後でさめてしまってからだと細菌が入ってしまうということもあるらしい。

泊まっていたホテルでは、毎晩、女の人の泣き叫ぶ声が聞こえた。高い熱が出て苦しんでいるのだという。

9日（土曜日）、一日ホテルでブラブラしていた。弟の様子も落ち着いてきたが、まだ36度8分あった。10日（日曜日）、弟の具合はだいたいよくなった。医師の人から、ゆっくり動かないと体力を落とすと言われ、完全に治るまではゆっくりすることにした。われわれの部屋は4人部屋で、他の2人は白人女性の旅行者で昼間は不在だった。

ブラブラする間にわれわれはアフガンジャケットの買い物にはまってしまった。刺繍には巧拙があり、いい品物は非常に高かった。

やっと14日（木曜日）になって、朝8時発のパキスタン政府バスで出発し、パキスタンとの国境トルカムに着いた。

同じバスでパキスタンに入り、有名なカイバル峠を越えた。崖っぷちをゆるゆると通っていく。目の前をがれきが落ちていくような状態で、きいていた通りの難所だった。

午後4時半にペシャワールに着いて、着いた所のそばにある二つ星ホテルに泊まった。体力が落ちていたので、とにかくバス乗り場の近くに泊まるということを心がけたのである。

翌15日（金曜日）の午前中は、両替したり、バザールを歩いたりした。

ペシャワールは、シルクロードの要地として栄えてきた歴史を感じさせる旧い街並みが並んでいた。今でも記憶に残っているのは、雑貨屋に鉄砲が無造作にぶら下げられて売っていたことである。この町も夜になると無政府状態になるという話だった。

午後はホテルでゆっくり休んで、夜9時発の夜行バスでラホールに向かった。寝袋を出してもバスの中は寒かった。

16日（土曜日）、朝6時にラホールに着いた。鉄道駅の近くにある安宿に泊まった。弟はバスで風邪をひいて、だるそうだった。2人とも一日ホテルで寝て過ごした。

体調がよくなかったので、あまり歩けなかったが、歩いた範囲では、ラホールはちゃんと整備された都会の感じだった。食事は、鉄道駅の食堂がおいしかった。

翌日も、午後ラホール博物館に行ったほかはホテルでブラブラしていた。博物館にはガンダーラ文明の遺品である「断食中のシャカ像」が置かれている。インターネットで検索したら写真が載っていた（http://kajipon.sakura.ne.jp/kt/haka-topic24.html）。

18日（月曜日）、7時にホテルを出て、1時間ほどで国境の町ワガに着いた。

出国手続きのあと、歩いてインド側まで行った。太い道をゆったりと歩いた。牛が草をはんでいて、のんびりした感じで快かった。あらかじめきいていたところでは、パキスタンとインドとの関係は険悪で、国境通過は厳しいとのことだったのだが、実際に通過してみたら平和そのものの感じで、拍子抜けしてしまった。

インドに入国してから、12時半発のバスでアムリッツァに向かい、1時間ほどで着いた。ラホールから同志社大学の学生と一緒になって、ホテルも、駅の近くのホテルに一緒に泊まった。そして午後、3人一緒にデリー行きの列車の切符を買った。

19日(火曜日)は、午前中、ゴールデン・テンプルを見に行った。ゴールデン・テンプルはシーク教の大本山である。靴を脱いで中に入った。

一般にシーク教徒は金持ちだと言われている。それは、ヒンドゥー教のようなカースト制度を否定しているため、例えば飛行機のパイロットのような伝統的な社会にはなかった新しい仕事をシーク教徒が独占するようになったからだと言われている。彼らはターバンをまいて、眉間に赤い点をつけている。

この日の午後5時10分発の夜行列車で、3人でデリーに向かった。

翌20日(水曜日)朝6時半にデリーに着いて、『アジアを歩く』には載っていないニューデリーの安宿に泊まった。安宿には日本人旅行者も泊まっていた。昼間から大きなテーブルに輪になって座り、ハッシシを回して吸っていた。私もちょっと吸わせてもらったのだが、幻覚なんて起こらず、タバコとほとんど違わない感じがした。

ニューデリーには6泊した。この間に、今後の動き方を考えていた。

インドは大変広い国であるが、貧乏旅行者にとっての見所というのはある程度決まっているので、『アジアを歩く』に紹介されているところをつなげば、コース自体はそんなに迷うことはなかった。とにかくここまでは行きたい、と思ったのはゴアである。

デリーに着いた当日に鉄道の時刻表を買って、路線と利用方法とを研究した。インド国内で長距離を、安く、ラクに動くには、鉄道は不可欠である。私は、もともと時刻表を読むのは好きな方であるが、着くまでに丸3日かかるような路線をみていたら息切れしてくる。

21日（木曜日）の午前中から昼過ぎまでかかって、国際学生証を見せて、学割許可書を作ってもらった。偽学生と疑われることは全くなかったが、手続きに時間が長くかかって疲れた。

また、インドからネパールに行くことに決めて、23日（土曜日）にネパール大使館にビザ申請をしに行き、2日後の25日（月曜日）に受け取った。

22日（金曜日）の午後はオールドデリーを観光バスで回った。『アジアを歩く』に、たぶん世界で最も安い観光バスというのが紹介されていて、それを利用した。半日で8～10ルピー（当時1ルピーが40円ぐらい）とあるから、300円か400円に過ぎない。

観光バスを利用したのは、オールドデリーは治安が悪いということもある。のこのこ歩いていけるような感じの所ではなかった。貧民街を見てみたいと思っていたので、見所の古いイスラーム寺院などよりは、密集して住んでいる旧市街の様子の方が頭に残っている。

あとは、食事のために外に出る以外はホテルでブラブラしていた。常時日本人旅行者が泊まっていたので、退屈はしなかった。一緒に将棋をしたりした。

私は下痢が続いていて、体力も相当落ちているようだった。そういうときに、やっぱりインドの辛いカレーにはまいった。中味は、チキンとか、マトンとか、豆（ダル）とかさまざまでも、基本的にカレーの味ばかりで、それとチャパテ（中近東のヌン）だけでずっとやっていくのは、胃袋が相当きつい。インドの食べ物に疲れてくるとネパールやスリランカで息抜きしたくなってくる、というのもよく分かった。

われわれが愛用したのは鉄道駅の食堂で、ここは洋式というのか、あんまり辛くない食べ物があった。インドはどこでもそうだが、ベジタリアンとノン・ベジタリアンに大別されている。われわれは駅でノン・ベジタリアンの定食をよく食べた。もちろんビフテキはない。ベジタリアンというのもいろいろあって、卵もダメというのもあるらしい。

同宿の日本人にも、長くインドを旅するうちに体力を落としてしまい、皮膚にカビがはえてくる、といって腕をまくって見せてくれた人がいたが、やっぱり食べ物のせいだろう。

辛くない食べ物というと、チャパテを揚げたものがある。ケニアで食べたサモサと同じもので、ブラジルにもある。中にポテトが入っている。移動中は列車内などでよく食べた。インターネットで検索してみたらバトゥラと言うらしい。

果物では、インドはバナナが安くて、1ルピーで7本とか8本とかついた房が買えた。果物というと、こればかり食べていた感じである。朝はバナナだけという旅行者も多かった。

飲み物は決まって甘いミルクティーで、これは皿が付いていて、コップから皿に少しずつこぼして、さまして飲んでいた。

26日（火曜日）、朝7時15分発の急行列車で発って、アグラに10時半に着いた。人力車に乗ってタージ・マハルのすぐそばの安宿にチェックインし、夕方タージ・マハルを見に行った。

幾何学的に配置されているそうで、ムダがないスッキリした感じがした。これはムガール王朝第五代の王が王妃の死を悼んでつくったものだそうである。インドでは、死んだら火葬されて遺灰は川に流されるのだから、少なくともインド的なものではない。実際、今ではここは、インドという海にぽっかり浮かんだ島のような感じがした。

夜散歩していたらシタールの音がきこえてきたので、そちらの方に行って演奏をきいた。弟はギタリストなので、シタールという楽器に興味を持ったようだった。

翌27日（水曜日）、昼のパンジャブメールという列車でアグラを発った。インドの列車は、Mail、Express、Ordinaryの3種類に分類されていた。午後4時にジャンシーに着いた。

ジャンシーはカジュラホに行く起点になる町である。ここに1泊してから、28日（木曜日）、朝6時半発のバスで11時半にカジュラホに着いた。安宿にチェックインすると、以前会った日本人旅行者が泊まっていた。彼から、インドでは生水は飲めるときいて、われわれも生水に切り替えた。大丈夫のようだった。

29日（金曜日）は、明るいうちはカジュラホの西グループのヒンドゥー寺院を見にいった。現在八つの石造寺院が残っているが、男女交合像が、これでもか、というぐらいたくさん見られる。

カジュラホは、9～13世紀にチャンデラ王朝の都として栄えた。その歴史的な位置づけを、以下、主にWikipediaの「インドの歴史」から抜粋する形でまとめてみた。

4世紀前半にグプタ朝が成立し北インドを統一した。この時期に、バラモン教と民間信仰とが結びついた形でヒンドゥー教が確立され、民衆に広まった。一方、仏教教団も勢力を保ち、アジャンタ石窟寺院やエローラ石窟寺院などにおいて優れた仏教美術が生み出された。

グプタ朝は、5世紀以降「白いフン族」と呼ばれたエフタルの中央アジアからの侵入に悩まされ、6世紀半ばに滅亡した。貴族や都市民の寄進などによって成り立っていた仏教教団は、グプタ朝の弱体化・分権化に伴ってその保護者を失っていった。

6世紀後半の北インドは政治的に分裂していたが、7世紀初頭になってハルシャ・ヴァルダナ（戒日王）が現れ、ヴァルダナ朝を創始した。ハルシャ王は、仏教とヒンドゥー教を保護し、地方有力者には領土を封ずるかたちでの統治を推進した。ハルシャ王の時代、唐僧の玄奘がインドに訪れ、ナーランダ僧院で教典研究にいそしみ、多数の仏典を持ち帰って、その後の漢訳仏教の基礎が固められた。

ヴァルダナ朝はハルシャ王一代で瓦解し、7世紀半ば以降はラージプートの諸王朝が分立して北インドは再び分裂した。義浄が訪れたのも分裂時代のインドであった。ラージプートは、中央アジア方面から北西インドに侵入した異民族の子孫だといわれている。かれらは軍事的にすぐれ、各地を支配し、その下に大小領主層がいて、地主や農民を支配した。プラティハーラ朝がそのなかで最大のもので、イスラム勢力の侵入を11世紀初頭まで食いとめたことで知られる。また、10世紀から12世紀頃にかけてチャンデラ朝の歴代君主は、世界遺産にもなっているカジュラホの寺院群を建設した。

10世紀後半、イラン系の王朝が北インドのラージプート諸王国の連合軍と対峙した。連合軍は、内部の結束が整わず大敗した。

その後、約300年間、デリーを都としたイスラームの5王朝が興亡を繰り広げた。5王朝は北インドを相次いで支配し、特に14世紀前半には、一時は全インドを統一するほどの勢いを誇った。この時代の北インドでは、インド在来の社会組織を利用して統治する現実的な方法がとられ、イスラームへの改宗が強制されることはなかったが、都市を中心に徐々にイスラームが普及していった。

以上のまとめで、カジュラホのチャンデラ王朝の前後については何とか理解できたが、旅行中行った場所との関係で、もうちょっとWikipediaからのまとめを続けたい。

1498年にヴァスコ・ダ・ガマがカリカット（ケララ州の港）へ来訪したことを契機に、ポルトガルも沿岸部に拠点を築いた。ゴアは1510年以降、インドにおけるポルトガルの拠点として東洋におけるキリスト教布教の中心となった。

やがて北インドでは都市と商工業が発展し、ムスリム商人の活発な活動とスーフィー信仰の修行者による布教とがあいまって、イスラーム教がインド各地に広がっていった。イスラームの平等主義的な一神教の考え方に影響されて、ヒンドゥー教のなかでも、15世紀ごろから北インドを中心にバクティ（神への絶対的帰依）信仰がひろまった。身分の低い人々のあいだでイスラームに改宗する人も増えた。やがて、ヒンドゥー教とイスラーム教の違いをこえた普遍的な神の存在を主張する人々があらわれ、その流れをくむグル・ナーナクによってシーク教が創始された。

16世紀、中央アジアでティムール帝国（モンゴル帝国の継承政権のひとつで、かつてのモンゴル帝国の西南部地域を制覇した）が滅亡すると、ティムールの一族であるバーブルが北インドへ南下し、デリー入城を果たし、ムガール帝国を建てた。

その孫にあたる三代皇帝のアクバルは、アフガニスタンから北インドにかけての広大な領域を支配してアグラに都を遷し、ジャイプールの領主でヒンドゥー教徒のビハール・マルの娘と結婚し、イスラーム・ヒンドゥー両教徒との融和を図った。アクバル治下のインド社会は安定し、ヨーロッパ諸国との交易も活発におこなわれた。

17世紀前半の五代シャー・ジャハーンの時代に帝国は最も繁栄し、ムガール文化は最盛期を迎え、その支配領域はデカン方面にもおよんだ。デリーに再遷都され、首都デリーには居城デリー城（赤い城）、旧都アグラには亡き妻の霊廟タージ・マハルが建設された。文化的には、宮廷でペルシア色の強いインド・イスラーム文化が発展した。

その後、スペイン・ポルトガルの没落に伴い、アジア海域世界への進出をイギリスとオランダが推進したのである。


以上のようにまとめてみて、変転の大きさに改めてビックリした。「万世一系」の日本などとは比べようもない歴史である。

カジュラホは、彫刻の生々しさと比べて、寺院が建っている周辺は広々としていて、非常に透明な感じがした。4カ月間ここにいるという画家に会ったが、分かるような気がした。農村はのんびりしていて、われわれでも居れそうだった。

翌日は、午後から夕方まで東、南グループの寺院を見にいった。東グループにはジャイナ教寺院もある。そして、12月1日(日曜日)、ジャンシーに戻った。

2日(月曜日)、朝6時50分発の急行でジャンシーを発つ。ジャンシーは途中の駅で、前日駅に行ってみたが、指定席は買えず、大変な旅になるだろうと覚悟していた。ところが、車掌に5ルピーほど渡したら、2等車の車両の、人が座っていたところを空けて、われわれを座らせてくれた。『アジアを歩く』にワイロを少し渡せば席は取れると書いてあるのは本当だった。周りに座っている人々はにこやかで親切だった。食事もプレートに乗った定食が食べられた。

午後9時12分にジャルガオンに着いて、駅のそばのロッジに泊まった。簡易宿泊所だが、ベッドの上に蚊帳がついていて、清潔だった。

体が参ったので、翌日は一日、このロッジで休養した。駅食堂が安くてうまかった。

4日(水曜日)、朝6時20分発のバスで、アジャンタに8時に着いた。石窟寺院はバス停からすぐそばで、川が大きく湾曲しているところの外側に沿った断崖の中にある。全長500メートルぐらいの所に集まっているので、見方にもよるが、そんなに時間をかけずに見て回ることができる。9時から見物した。中は薄暗くてよく見えなかった。

インターネットでアジャンタの写真を探していたら、「アジャンタの石窟寺院」(http://yucky.travel-way.net/indo-ryokou-ajanta.html 2018年5月7日最終閲覧)というサイトが見つかった。これは、ハンドルネームyuckyさんという人の「私の外国旅行」というサイトの一部である。カジュラホの写真を探しているときにもこのサイトが出てきた。yuckyさんの旅行は大部分がツアーである。私は2011年に、姉の長男とチベットにツアーで行ったが、添乗員が非常に優秀だった。今はどこにでもツアーがある。しかし、2011年当時は聴力が目に見えて落ちてきていた時期で、1人でツアーに参加するのには向いていなかった。今ならyuckyさんのような形の旅も可能である。

話を戻す。2時間ほどでアジャンタの石窟寺院を見終わって、11時26分発のバスに乗り、午後2時にアウランガバッドに着いた。ホテルを決めてから、翌日の観光バスと、翌々日のボンベイ(現在のムンバイ）への夜行バスを予約した。

5日（木曜日）、朝9時から夕方の6時まで、観光バスでエローラの石窟寺院とアウランガバッド周辺を見物した。

エローラは、アジャンタとは比較にならないぐらい大規模だった。仏教、ヒンドゥー教、ジャイナ教、合わせて34の石窟があり、それらを足で見て回るのは大変である。われわれの利用した観光バスには男性ガイドがついていて、実に徹底的にまわってくれた。暑かったし、体が疲れていて、ついていくのがやっとという感じだった。石窟群のちょうど中央部にあるヒンドゥー教のカイラーサ・ナータ寺院はすごい。

翌日はバテてしまって、一日ホテルでゆっくり寝て過ごした。昼に、E・S・ガードナーの『*The Case of the Perjured Parrot*（偽証するおうむ）』という推理小説を買ってきて読み始めた。そして、夜8時50分発のバスで翌7日（土曜日）の朝7時過ぎにボンベイに着いた。どの安宿も満員で、当時はYWCAの隣にあったYMCAに落ち着いた。

ボンベイには4泊した。

ゴアには、船や列車でも行けるが、バスで行くことにし、8日（日曜日）午後バスターミナルがあるセントラル駅に行って、予約した。

ゴアからボンベイに戻ってきたらヴァラナシまで行くこととし、9日（月曜日）に学割許可書を作ってもらってから、翌日切符を買った。

ネパールには飛行機を使うことにした。インド・ネパール間の陸の国境は大変だときいたからである。そのため、インディアンエアラインに行って、記憶ではヴァラナシからカトマンズまでの切符を買ったと思うが、結局これはキャンセルして、パトナ―カトマンズ間をネパール航空機で飛んだ。

このような手続きの間、ボンベイの町も歩き、市場にも行ったのだが、人が多く、大都会だなと思ったことぐらいしか記憶がない。

11日(水曜日)、午前11時半にYMCAをチェックアウトして、夕方6時発のバスでゴアに向かった。バスは行き先の表示がヒンディー語だけで、たくさんのバスの中から乗るバスを探すのが一苦労だった。

12日(木曜日)、午前11時半にパナジに着いた。ゴアというのは州名で、パナジは州都である。ホテルを決めてから、ボンベイへの帰りの船の切符を買った。

ゴアは長らくポルトガル領であったのでキリスト教徒が多く、教会がある。パナジの東にあるオールド・ゴアの教会にはフランシスコ・ザビエルが眠っている。

料理もポルトガル料理の影響を受けてインドじゃないみたいで、おいしかった。

翌13日(金曜日)、午前11時に発って、バスで南方のマルガオまで行き、さらに別のバスでコルヴァビーチに着いた。ビーチからすぐの所にある安宿に泊まった。ここはヒッピー天国といわれていたが、安い生活をするには月極めで家を借りて、マルガオに買い出しに行かなければならない。

この日の夕方から3日間、ずっと泳いでいた。ビーチは本当にどこまでも続いていて、バカでっかい。
ビーチに面して食事ができる店があり、いつもそこで食べた。昼間はいつも込んでいた。15日（日曜日）の昼は特に込んでいて、バナナシェークというのを注文したらいつまでたっても持ってこない。そこで、別の注文取りに、バナナシェークを注文したのに来ないと苦情を言った。そうしたらやがて持ってきてくれたのはいいが、それを食べ終わった頃にまたバナナシェークを持ってきた。2度注文したつもりはなかったのにどうなっているのだろうか。弟と相談して、試してみようということになって、それも食べた。そして、1回分として勘定を済ませて立ち去ろうとしたところで、最初に注文を取った少年が注文は2回あったと言う。やっぱりね。それで、もう1回分払ったのだが、少年は、

「日本人は正直だと尊敬していたのに、ウソをつくなんて悲しい」

本当に悲しそうな顔でそう言うので、おかしくなって笑ってしまった。

2回目に来たのも食べたのだから、支払うのは当然と思うが、しかし、それは契約が成立したからという理由によるのではないような気がする。どうですか？

滞在中、停電はしょっちゅうで、15日は一日中停電の上、水も出なかった。井戸水をくむポンプが動かないのだった。暗くなったら寝ているしかなかった。

16日（月曜日）、バスでパナジに戻り、翌17日（火曜日）10時発の船でボンベイに向かった。甲板に寝袋を出して寝た。

18日（水曜日）朝9時過ぎにボンベイに着いて、タクシーでビクトリア駅近くのホテルに行く。弟が下痢したため、一日ホテルで休んだ。私は、またガードナーの推理小説を買って読んでいた。翌19日（木曜日）は、パトナとカルカッタ（現在のコルカタ）のハウラ駅間の学割許可書を作った。インディアンエアラインのチケットはキャンセルした。宿の近くで、子どもづれの女性にしつこくバクシーシ（喜捨）を要求されたのをおぼえている。女の子を連れていて、哀れに思われて小銭をやったら、その後がしつこかった。ちょっとでも相手をすると、もう離れてくれない。

20日（金曜日）、朝6時前にホテルを出て、ビクトリア駅に行くと、ここからではなく、Dadar駅からだと言われる。半信半疑で郊外電車でDadar駅まで行くと、もうヴァラナシまでの急行列車はホームに入っていた。予定より1時間半ぐらい遅れて出発した。3段の寝台で、一日中寝ていた。すごくラクだった。

21日（土曜日）の夕方6時過ぎにヴァラナシに着いた。駅を降りたとたんにどっと人力車の客引きがやってくる。すごい迫力。町の中も、活発というのとはちょっと違って、すごみがある。人力車で連れていかれたホテルに1泊したが、翌日、ガンガのそばにあるゲストハウスに移動した。

この町はとにかくガンガである。日の出も見たし、日没も見た。何度行っても飽きなかった。水はきたなくみえて、ガンガにつかる人々に混じってつかってみる気には全然ならなかった。

ゲストハウスで、カルカッタから家族連れで来ていた青年と友達になった。彼の家族がいる部屋にも行ったが、アルミの容器にいろいろ入っていて、自炊しているようだった。ふとんも持っていた。彼のお母さんが歓迎してくれて、牛乳がゆのようなものをもらった。和やかな空気で、インドの人ってこんなふうに家族で旅をするんだなと思った。

食事はだいたい駅に行って食べていた。駅まで3キロぐらいあって、歩くにはちょうどいいぐらいだった。

シャカが初めて説教したサルナートはヴァラナシから10キロほどで、すぐ行けるが、行かなかった。また、年内にカトマンズに着くようにしたかったので、ブッダガヤもパスすることにした。

24日（火曜日）午後の急行でパトナに行って、Daichiという名前のホテルに泊まった。このホテルの名前を今もおぼえているのは、Daichi（第一）の間違いじゃないかな、と思ったからだが、考えてみると「大地」かもしれない。サタジット・レイの映画「大地のうた」からつけた名前ではないだろうか。しかし、日本と関係があるようには見えなかった。ビジネスホテルみたいな感じで、余計なものがなくてよかった。

翌25日（水曜日）にネパール航空でカトマンズ行きの切符を買った。25%ぐらいの学生割引があった。また、鉄道駅でカルカッタ（現コルカタ）のハウラ行き寝台を予約した。

26日（木曜日）、朝の8時半にホテルを出て、タクシーで空港に行き、午後の便でカトマンズに着いた。本当にあっという間に着いた。

空港から安宿街までタクシーで行ったが、日本車が結構多くて、インドとは違う感じがした。

道は細く、くにゃくにゃしていた。標高1350メートルだそうで、夕方以降は寒かった。
着いた翌日、宿をかえた。安宿はたくさんあって、サービス内容がさまざまだった。移ったところは貸し自転車があった。ホットシャワーがどういう条件で使えるかも、ここでは大きなポイントだった。

安宿の周辺に安食堂がたくさんあり、西洋料理、中華料理、チベット料理といろんな料理が、信じられないぐらい安い値段で腹一杯食べられた。インド料理ももちろんあって、ネパール料理はそれらの混合したもの、だそうだから、ある意味日本に似ている。われわれはだいたい中華料理か西洋料理を食べていた。

生水は絶対に飲んではいけない。実際に肝炎にかかった人の話をきいたが、かかってしまうと大変である。アフガンでは弟は血便も出て大変だったから、歯磨きの時もミネラルウォーターを使うぐらい気をつかった。

インディアンエアラインでパトナに戻る航空券を買ったり、両替をしたりと、用事が一段落してからは、カトマンズの周辺の寺に自転車で行った。

29日(日曜日)は、カトマンズの西に15分ぐらいの、モンキー・テンプルと言われているスワヤンブナート寺院に行った。仏教寺院である。野ザルがいる。

この日の夕方は、カトマンズの南の方を自転車で走った。

30日(月曜日)は、カトマンズの東に30分ぐらいのパシュパティ寺院に行った。これはヒンドゥー教。

大晦日には、カトマンズの南5キロのパタンの町に行ってきた。ヒンドゥー教寺院と仏教寺院がいっぱい建ち並んでいる。

元旦は雨だった。空気が冷たかった。一日ホテルでゆっくりして、本を読んでいた。この日アガサ・クリスティの『*Elephants Can Remember*（象は忘れない）』を読み終わって、カフカの『城』英訳書を読み出した。この頃からもう、カフカの本を英語で読んでいたんですね。

1月2日（木曜日）はカトマンズの北の方を自転車で走った。だんだんとこの町にはまってきた。どんな国なのか知りたくなってきて、ネパールの地理の教科書を買った。外交史の本も買った。大国の狭間でネパールが生き残ってきた歴史が書かれている。

ゴアにいた頃から、そろそろ旅も終わりだなということで、日本に帰ってからどうするのか、考えてはいた。しかし、考えたって、結論の出ようがない感じだった。

カトマンズに来てからは、とにかく毎日が楽しくてたまらなかった。そして、もうちょっと旅を続けたい、という気持ちが強まった。

それで、弟に、滞在を延長してゆっくりネパールを動いてみないかと持ちかけたのだが、弟はにべもなかった。弟は、旅はもう飽きたという感じだった。

その時、別々になって、私だけもっとネパールを回るという選択もあったのだが、それより、いったん帰って、今度はひとりで来てみよう、と思ったのである。

その時はすぐにまた来れると簡単に思ったのだが、念願の海外一人旅に出発できたのは帰国後

3年以上経ってからだった。そして、ネパールを再訪できたのは2017年2月で、40年以上経ってからだった。

1月3日(金曜日)、朝9時にホテルを出て、空港バスで空港に行く。予定より5時間遅れて夕方5時前カトマンズを発ち、5時半にパトナに着いた。Daichiホテルに行く。日本人で、写真のセミプロの人が泊まっていた。

4日(土曜日)、一日ホテルでゆっくりしてから、午後6時半発の急行列車でカルカッタに向かう。5日(日曜日)、朝6時半にカルカッタのハウラ駅に着いた。駅は人がいっぱいで騒然としていた。タクシーでモダーン・ロッジという安宿に落ち着いた。カルカッタでは、安宿はサダル・ストリート周辺に固まっている。だから、日本人の貧乏旅行者にも頻繁に会った。この日の夕方、近くの香港レストランに行ったら、パトナで同宿だった写真のセミプロ氏に会った。まったく、世間は狭い。味は今ひとつだったが、インドで中華料理を食べれて、東洋に戻ってきた感じがした(2004年9月にスリランカと南インドを旅行したが、その時に使った『地球の歩き方』を見てみると、サダル・ストリート界隈には以前と同じように安宿が集まっている)。

カルカッタには3泊した。この間にやったのは、タイ航空に行って、予約を入れることである。そのほかに行ったところは、近くにあるニュー・マーケットとインド博物館ぐらいで、いずれも記憶に残っていない。カフカに熱中して読み続けていた。

8日（水曜日）、同室の日本人と4人でタクシーに乗って空港に行く。午後1時半にカルカッタを発ち、午後5時過ぎにタイのバンコクに着いた。

普通のバス（確か29番のバス）で、フアランポン駅に行った。1時間ぐらいはかかったんじゃないだろうか。もう暗くなってから着いて、やはり4人で駅のそばにある安宿に泊まった。

暑くて、扇風機が必要だった。ツインの部屋に落ち着いてちょっとして女性がやってきて、前をはだけるようにして、やらないかと誘いに来た。おおらかなもんですね。

そういうことより、この宿がラーマ4世通りという大通りに面していてやかましいのと、空気が汚れているということで、翌日、4人そろってマレーシアホテルのそばのホテルに移った。当時はこのあたりが日本人の貧乏旅行者のたまり場だった。安くても、プールもついているちゃんとしたホテルだった。

一緒だった日本人の学生がバンコクの町をよく知っていて案内してくれた。

この日の昼間はワット・ポーに連れていってくれて、巨大な寝仏を見た。夜は、娼婦たちのいるところに連れていってくれた。彼女たちがショーウィンドウの中に座っていて、それを見て客が指名するようになっていた。娼婦はずいぶんの人数で、大っぴらにやっているのにはビックリしてしまった。このそばの屋台店で、夜の仕事をしているらしい女性たちに混じって、そうめんのような細いそばを食べた。

11日（土曜日）には、彼は、夕方からタイボクシングを見に連れていってくれた。それ以外は、私は相変わらずカフカを読み続けていた。
13日(日曜日)、8時にホテルを出て、タクシーで空港に行った。10時40分にタイ航空便で発ち、香港と台北に途中で寄って、夜の8時40分に羽田に着いた。バンコクで一緒で、一足先に帰った学生が迎えに来てくれていた。この人はバンコクのホテルで、どうやってハッシシを日本に持ち込むかという話をしていたのだが、無事に入国できたらしい。夜11時に、小平の家に着いた。

以上は、手帳に記した毎日の記録をだいたいそのままパソコンに入力してから、もう1冊の手帳に書いたことも参考にしながら文章化したものであるが、もう1冊の手帳は旅の記録との関連ではあまり役に立たなかった。その時々の気持ちを書いた文章が多く、実際にどう動いたのかを思い出すのに大して参考にはならなかった。もうちょっと具体的に書いてあるのかと思っていたので、期待はずれだった。

日記はごく簡単なもので、今なら書くであろうような情報がまったくと言っていいほど欠けている。例えば、買い物したときの値段がほとんど書かれていない。貧乏旅行で、金が足りて帰国できるかどうかが最大の問題といってもよかったのだから、もうちょっと値段が書かれていてもいいのではないかと思ったのだが、ほとんど記録していない。

と書いたところで、ちょうど読んでいた本に、日本人の話には数字が出てこないと書かれていた。「ものすごい金がかかった」とか「莫大な予算だった」とかとは言うけれど、それが何億であったのかは言わない。対照的に、タイ人の話でも、インド人の話でも、中国人の話でも数字がよく出てくるのだそうである（飯島茂編『アジア文明の原像』日本放送出版協会、１９７９年、２２４頁）。場所も出発したところと到着したところが分かるだけで、途中のことがほとんど分からない。寄り道が少ないということは、まあ、帰れないよりはいいのかもしれないが、残念なことである。インドに入った頃から、お金はだいたい足りそうだというメドが立って、やっと余裕が出てきたと思う。

公表できるような記録を作る準備をしていたとはとても思えない。40年も経って、こんなふうにパソコンに打ち込む日が来るとは、想定外だった。それ以上感じるのは、もう1冊の手帳に書かれた気持ちというのが非常に個人的であることだ。最初は気持ちがとても内向きだったのではないかと思われるのである。

旅行が始まってからトルコあたりまでは、弟とテンポや動き方が合わないことについて書いた文章が多い。弟と比べて、私は相当せっかちな方である。今考えれば、最後まで一緒に旅をできただけでも上出来というべきである。

しかし、テンポの問題だけではないだろう。例えば、娘と一緒に旅行する場合、娘は朝は遅い方である。毎朝のように熟睡している娘の顔を見て、こんなに眠りほうけて何とかならないのかなぁ、と思ったりしていた。でも、娘はいったん目がさめれば元気だし、気持ちも前向きで、私のやりたいことと一致することが多い。ふたりであることの相乗効果が出て、とんでもないことをやったりして楽しい。まあ、これは私の方から見ればの話だから、娘がどう考えているのかは分からない。

しかし、弟と合うとか合わないとかという気持ちは旅を続けているうちに薄れていった。というか、動き始めればあまり先のことは考えなくなるものである。何かに集中するということがなくなる。ボーッとしているうちに人生が終わればいいのですね、という感じになる。旅するように人生を通り過ぎればいいわけである。そうすると、つまり、「死んでもいい旅」になるのである。毎日のことを、きちん、きちんとやるのも嫌いではないが、そういうのばっかりでは続かないということである。ボーッとすることを意識的に心がけていたのではないだろうか。だから記録も簡単なのだろう。

自分のことばっかり考えていると退屈である。対人関係も大切だが、そんなのもあんまり深刻に考えるのは面倒くさい。いやなら、その人から離れて別にやればいいことだ。

その頃は、比較するということを仕事にするとは夢にも思っていなかった。自分のことや対人関係に興味がないのではなく、距離が取れないのがいやだったのだと思う。比較という形で考えると、それが可能になるので、比較が大前提になるような、そういう研究を目指したのだと思う。でも比較というのは複数の異なった経験が前提になる。だからいくつもの旅をしなければいけなくなったのだと今は思う。

カーブルで弟が熱を出してしばらく動けなくなったころから、東京の友人宛の形でしばしば手帳に書いている。その最初の文章に、私の願望は「大きく豊かになること」だが、現実にはたえず顔を引きつらせていて、どう考えてもそのような自分ではない、と書いている。当時、「大きい」とか「豊か」ということでどんなイメージを持っていたのだろうか。単なる夢想家には当時でも関心はなかったし、何しろ法律家になる訓練をたっぷり受けてきたのである。経歴の類似性が、カフカにのめり込んだ理由の一つでもあったと思う。カフカの小説は夢みたいな話が多いのだが、細部は妙に具体的で生々しい。

「僕は結局独自に自分の道を決め、進んでいかなければならないし、結局そうなってしまうだろうと確信しています。」

「結局」が短い文章に2回も出てくる。運命論者みたいですね。どこかに導いてほしかったのだと思う。

「それは実際つらいことだし、すべての人々に背を向けざるを得ないであろうような決断を要求するだろうということもよく分かります。」

まるでこれから犯罪を犯そうとしているみたいじゃないか。と書いて、司法修習生時代に被告人学というものにのめり込んでいたことを思い出した。訴えられる側になるだろうという予感を持っていたのである。いまだに一向訴えられる気配はないのだが。

「でも、そんな時にこそ一番、自分は進むべき道を歩んでいると確信できるし、顔も晴れやかになります。」

ひとり芝居をやっているようでもあり、助けを求めているようでもあり。その翌日は、次のように書いている。

「僕の生活は、なにしろ、てんでなっちゃないのです。とは書いてみたものの、どうやらこの言葉嘘だな。僕は自分の生活を大事にしすぎるんだと思います。きっとそうだ。だからどろどろとしたあやふやな状態から抜けきれないんだ。いつの日かパーッと一新してみせると、これまで何度自分に言いきかせてきたことでしょう。」「仕事のこと、仕事と縁を切ろうとしてせっかくこんな遠くまで来た以上、本当にやりたいことをやってみたらいいじゃないかという気がします。でも、僕に一体何ができるのだろう。何もできない。それがとても幸せに思われることもあれば、なんて運の悪いやつだと思うこともあります。おそらく、その両方でしょう。」

こんな文章を書いていたのである。

12月29日には次のような文章を書いている。

「カトマンズに来て、やっと僕の落ち着けるところに来たような気がします。町中浮かれているような感じで、どう見ても東京の丸の内とはほど遠い異国ですが、これこそ僕にピッタリの町だという感じがします。どの通りでも子どもたちが遊んでいて、そして、どの顔も不思議に可愛らしいのです。どんな形になるか知りませんが、もう一度この町にやってくるのは時間の問題だという気がします。」

ネパールは、前述のように2017年2月に再訪した。沖縄にたくさんのネパール人留学生が来るようになっていて、彼らの出身地を調べるために沖縄タイムスの記者と一緒に行った。ネパールは、1990年代後半になってから政治的に混乱した状況になった。1996年にネパール共産党毛沢東主義派（マオイスト）が王制を打破すべく、「人民戦争」を開始し、内戦が始まった。たまたまこの時、私のゼミ卒業生がカトマンズに旅行で滞在していて、様子を知らせてくれたので、興味は持っていた。2001年には王族殺害事件もあった。

「そうです、僕は知らないうちに？　—そう、いつもの通り、せざるを得ないという形で—後戻りのきかない、絶対にきかない第一歩を踏み出していたのだということが、今になってみるとハッキリ分かります。」

これに続けて、

「憧れの灯が消えたとき、僕はもうこの世の中にいないでしょう。そして、そんな、あまり楽しくなさそうな道を、最後まで歩ききれるとはどう考えても保証できそうにない道を外見は堂々と歩んでこそ」云々とある。「憧れの灯」って何なのだろうか。文脈からすれば、旅を続けることなのだろうか？　憧れの灯を消さないように歩くのがなぜあまり楽しくなさそうなのだろうか。「僕は、やはり行くべき道がちゃんと決まっていたのでした。そして歩んだ足跡はたちまち消えてゆくのです。」

これも不思議だ。なぜそうなのだろうか？　記録をすれば残ると考えなかったのだろうか？「そして、夢とは現実にほかならないのだと、今ひしひしと—僕がこの言葉を使うと奇妙な感じがするのですが—感じています。」「そして、分かってもなお消えてくれそうにないもやもやとしたきりのようなもの、それをじっと見つめることが僕の生活なのだと思います。」夢とは現実、というより、現実は夢という感じですね、足跡も残らないと言うんだから。でも、それにしてはあれこれ書き散らしたものがいろいろ残っている。

大晦日には次のように書いている。

「自立―これほど僕にピッタリで、かつ、まったく無縁の言葉もありません。新しい年に祈るならば、この自立の条件を私に与え給えということです。それはいわゆる自立とはまったく関係のない何かだろうとは思いますが、僕にとっては懐かしく、そしていつも現在の問題でした。」

自立したいと常々思っていたのに、実際には自立に至らなかった。そうだったと、痛切に今思う。たぶんこれが一番大きな課題だった。

さらに、1975年の元旦には次のように書いている。

「僕はいつも何か考えているようないないような、いずれにしてもあまり利口そうではない顔つきをしていましたし、今も多分そうだろうと思います。」「本当は何も考えてはいなかったんじゃなかろうかとも思うのです。もっと正確に言うと、僕が関心をひかれるものがよく分からなかったのではないか、と。いずれにしても、僕の関心は禅問答のような、モウロウとしてとらえどころのない何からしいね。」

第2章　旅する哲学

私なりの世界観をまとめた最初のものが「哲学・第一部」という手書きのノートである。それをこれから示してみたい。主語は「僕」になっている。

＊

今日（1976年11月20日）朝食の後、フトンで寝ころんで考えていてふいに「哲学」という言葉にぶつかったのだった。そして、この哲学こそ僕に一番ぴったりした言葉でないかしらと思ったのである。同時に僕はひとからなにかしらの呼び方をされるのであれば「哲学者」と呼んでもらいたいものだと欲した。そう考えた時、僕にとって長い間分からなかったことがみるみるうちに、いや、一瞬にと言うほうがより正確だろう、氷解していくのが、いや、氷解したのが分かったのである。

僕がフトンに寝ころんでいたのは勿論病気のためである。しかし、その病気というのが肺病だとかテンカンだとかの哲学者という呼称から通常ひとが連想するような深刻なものでは全然なくて、軽いハナカゼであったというのはご愛嬌だ。別に熱があるわけではないし、体の局部が痛むというのでもない。ただ水バナが出るというだけの話で、それだけのことで3日も寝ころんでいるなんて、ひとにはひどくゼイタクにみえるかもしれない。

健康であることが文句なしにプラスの価値であるような、多分大多数のひとたちにはちょっとけげんな思いを起こさせるかもしれないが、僕は今度のハナカゼにかかる前、ちょっとは病気にかかって体を休めたいと考えたのだった。僕はこの数年病気といわれるものに全然縁がなかった。かかろうにもかかれないのがこの病気というやつだ。

ところが今度本当に、ここらで一つ（病気を）しておきたいし、しておかねばならないと、理由は不分明ながら（哲学者らしくないと言われても仕方のない言い方だ）ハッキリ意識したとたんにハナがゆるみ始め、頭がボーッとしてきたのには、喜ぶよりも先にまずびっくりしてしまった。

とにかくめでたくハナカゼにかかって、幾分オーバーだなと自分でも思いながら、ただ横になって何を考えるでもなく寝ころんでいた。そして今日、ボンヤリした頭には不相応にまでハッキリとしたカタチでこの哲学という言葉がはじき出されてきたのである。

僕は寝ころんだままで、じゃあそもそも哲学って何なのだと定義づけをしてみた。簡単に答えが出た。それはスジメのことである。スジメを判別することである。スジメというのは、分かりやすく言えばどうでもよくはないことである。どうでもいいことと、どうでもよくはないこととが混在する対象の中から、どうでもよくはないことを識別、区別することである。

そのスジメを見いだすべき対象の違いによって、人間の哲学、愛情の哲学、自然の哲学、宇宙の哲学などいろいろな哲学が生じる。しかし、昆虫の哲学というとけげんな顔をする人が多いだろうことからも分かるように、何にでも哲学があるとは考えられていないようである。昆虫については単にある基準のもとに選別された事実を云々することができるだけだということであるらしい。何をスジメとみるかということ自体一律に論断できないものがあるということであるらしい。

したがって、哲学の教科書が哲学とは何ぞやという問いに始まり、その問いに対するごちゃごちゃとした答えでおしまいになるのはある意味でうなずける。それがことの順序としてやむを得ないことだというのも分かる。分かりながらも、しかし、僕はそういう問答はバカらしいものだと思わざるを得ないし、そういう問答について自分で考えてみようという気にも全然ならない。端的に言えば、そういう問答については高校生が英単語を丸暗記するように、ただ結論だけを記憶しておけばそれで十分だろうし、否むしろその方が好ましいことでさえあるだろうと僕自身は考えている。

というのは、そういうことを知っていようがいまいが、つまり哲学とは何ぞやということにどの位ウンチクがあろうがなかろうが、僕にとっては屁ほどのことですらないからである。屁の音や臭いによっては生命に危険な、あるいは憂慮すべき状態であることが分かるそうである。屁ほどのこと、なんて言っては、何に対してかは別として、とにかく申し訳ないような気がする。それに比較すると、哲学とは何ぞやなんてことはどうってことないじゃないかと広言してみても、ちょっとキザだとは思うが、誰にも申し訳ないとは感じない。

僕が興味をひかれてきた哲学というのは「僕の哲学」であると知らないうちに白状してしまったようである。その通りであってその通りでない。その理由をこれからちょっと説明してみよう。

僕は今28歳になったばかりである。だから年齢的にはせいぜい青年期の中程あたりにいるということになるから、実際に僕が80歳になったとき、どういうことを考え、あるいはどういう状態でいるだろうかといったことは想像してみるよりほかはない。

そして、僕は年寄りの人たちと話すのが好きなので、そんな際、この人ぐらいの歳になってしまったときどんなだろうかしらとは割合よく考える。

しかし、どんなに考えても、僕が年齢とは関係ない意味で老年になっているなんて想像できない。これはあるいは青年独特の頑固さにほかならないのかもしれない。しかし、僕としては、これ以上はというぐらい何度も考えたのだ。考えるとはいっても未経験の事柄だから思いをはせるとでもいった方がふさわしいだろう。そして、思いをはせた結果いつでも、僕は断じて老人らしい老人にはならないと確信する。

ということは、これから先も僕は僕らしくやっていくだろうし、その僕らしさの程度が増すことはあっても減ることはないだろうということだ。

そして、そういう確信を支えてくれているものは何かと自問してみれば、自ずから、僕にとってはどうでもよくはないことにたどりつく。

こういう僕は、したがって、いわば年齢に逆らって生きているということになる。年相応にしろという周囲の人々の声に逆らって生きていることになる。

いくら周囲の人がセンサク好きでも、あきれはてて、僕をまったく無視するような日が来るかもしれない。しかし、僕を無視するというのもまた立派な一つの反応である。

僕が進むだろう道がこのように逆向きであればあるほど、僕らしさというものを死守しようとすればするほど、僕の行為、ことば、思考が社会的になるのは、だから逆説でもなんでもない当たり前のことである。

そして、現実に僕が、どういう僕の欲求なり思考なりの結果であるかは別として、積極的に周囲の人々に働きかけるときがあれば（実際あるだろうと思っている）、今言ったことが理屈など要しない当たり前のことだったのだと分かるだろう。

僕が僕なりにやっていくということが本当にできるならば、それは僕のまわりにいるひとびとに対する、僕個人としては最大の衝撃なり、共感なり、憎しみなり、とにかくある効果をもたらすことができるであろう。

これは何も新規な考えではない。否むしろ、昔から何度も繰り返し言われてきたことをちょっと言葉を換えて言ったに過ぎない。活字になって残っているものはそんなに多くないかもしれない。だからといって、僕の抱いた考えが特殊であるとか、アナクロであるとか、役に立たないものだということには全然ならない。それはもちろん、多くの立派なひとたちは活字にするよりもむしろ黙々と生きる方を選ぶからだ。僕はそういうひとたちが好きだ。確かに書くということはある意味でひどくかたよった好みであると思う。

とにかくこういう考え方から僕が推論し、結論するに至ったことは、およそこの世の中に存在する万物はすべてつながっているという認識だった。

どのようにつながっているのかということは、これまであまり気にならなかったと言えば、これもまた哲学者らしくない発言のようだが、僕自身はそう思わない。自分で必要を感じないこと、あるいは心の底からの関心のない事柄についていくら思いめぐらしてみても何か有益なものが得られるとは思えないのである。

あらかじめ(綿密に)考えておくということは、なるほど便利ではあるかもしれないし、ひょっとして無駄の節約にもなるかもしれない。僕にもそういう時期はあった(それは大学生の頃である)けれど、今になって考えてみると、一見壮大な体系なり思想なりに限って実際には何の役にも立たないことがよく分かるのである。

僕はその点に非常に敏感だったと思う。実際の生活の中に活かしようのない体系なり思想なりはたんなる頭の体操の域をこえるものではないとほとんど本能的に察知していた。一生そんなものにとりつかれ、しかも自分ではメが醒めていると信じ込んでいる人たちに限って退屈でもありバカらしくもあると決まっている。

換言すれば、僕は僕自身を信じたのだった。僕の頭を信じ、僕の手を、足を、胸を、目を、鼻を、耳さえも信じた(僕はひどい難聴である)。

僕自身を信じると意識的にそう思った当初は、そう思うことが僕の周囲に及ぼす影響なり効果なりについては全然思いめぐらしはしなかった。ただ自らの生き方、つまり行き方として、これが僕にとって一番簡単で、楽で、無理がなくて、疲れないやり方だと思ったに過ぎない。他の人はどうだろうかということは少しも脳裡に入ってこなかった。いい意味でも悪い意味でも自分のことだけを考えていた。

ひとはどうであれ、僕自身については、僕自身を信じるということは決して迷路や永遠の停滞を意味しはしなかったと今僕は自信を持って断言できる。

ひとがとかく誤解するのは、自分を信じるということをこの世の中のあらゆるものは自分のためにあると信じることだと考えてしまう点にある。これは全くの誤解である。

確かに、何を考えるにしてもひんぱんすぎるぐらいに「私」という、あるいは「僕」「オレ」という第一人称代名詞が登場してくるのは事実であって、僕自身もちょっと文章を書くたびにこの第一人称代名詞が氾濫するのにネを上げてしまうことが度々あった。これは僕が信奉していた「自然であること」に反するのではないかともよく考えた。

僕の20代の前半はほとんどこの第一人称代名詞を消去しようとする努力のうちに集約されるかもしれない。僕は自伝を何度も書いた。短いものも長いものもある。とにかく書いたものはすべて自伝である。自伝を書くのは、ひとはどうであれ、僕の場合はこの第一人称をできる限り消去するために必要な手続きだったのであり、その逆では決してない。

自伝といえば通例は鼻持ちならぬ自尊心の押し売り、虚栄心の満足、不当なまでの自己顕示のイメージを起こさせるし、事実そういう類の自伝も数多くある。いや、そういう自伝の方が数としては圧倒的に多ければこそこのようなイメージもできるのだろう。

だが、重ねて言おう、僕の試みていた自伝、そして僕が長い間愛読してきた自伝の類はすべてこの第一人称代名詞の消去作業を含んでいるし、しかも、圧倒的にその方向に向かっているのである。

僕に醜悪なまでの第一人称代名詞の氾濫時期があったことはけっして自慢できることではないが、そういう過渡期——と僕は考えている——を持ったことは、僕の僕に対する考察だけでなく、あらゆる他のものに対する考察を深めてくれたと確信している。それだけでなく、あまりに圧倒的な第一人称代名詞の氾濫があればこそ、それを取り除こうとする意欲もまた生まれたのであろう。

万事ほどよく穏便にすまそうとするのが時代の傾向だとすれば、僕が僕のまわりの人たち、制度、事物その他諸々のものを敢然と（というつもりで）無視して、ただ僕自身だけ信じようとするに至ったことは、異例のことであり、反社会的であり、そう決意するに至った動機に病的なものがあったのではあるまいか疑われるかもしれない。

そういえば、これを書き始めたのもカゼをひいてしばらく寝込んだことが直接の機縁になっているのだから、じっと考えることは病気と密接な関連があるのかもしれない。難聴も病気と言うより一種のカタワだが、病気の一種には違いない。

しかし、この10余年、体と心の関連を否応なしに考えさせられてきた結果は、体調のよしあしと心の健康とは直接には結びつかないということである。「万物はすべてつながっている」という以上、体の状態が心に反映するということは否定しないが、両者が直接の鎖でつながれているとは信じられない。

体の状態はいったん僕の外へ影響を及ぼし、心がその外の変化を何らかの形でとらえるというのが事実に近い。外の変化に敏感であれば、外観上は体と心が直接リンクされているように見えるかもしれないというにとどまる。僕の外部を一括して社会と名づけるなら、身体の異常が心の問題としてとらえられるのは、ことさらそのようにとらえようとする社会の仕組みがあるからだ。

抽象的で分かりにくいかもしれないから例示的に述べてみれば、例えば社会に差別があれば、生きていくのには特別差し支えのないことでも、心にはきわめて重大な、生死を決する問題として意識されるということもあり得るということである。逆に、五体健全な体を持ったスポーツマンの頭の中が健全だと言い切れるか疑わしいということにもなる。

心はそれ自体独立の構造を持ち、独立して機能している。影響を受けやすいということは心の独立を直接には妨げない。影響と、自らの心のうちにもともとあった何かしらとをしっかり区別できるということが賢明と形容するにふさわしい能力だと僕は考えている。

昔から賢人といわれるひとたちが巷間から離れ、あるいは出家してきたのもこの能力を養うためだったのだ。なにも、おさえきれない欲を無理におさえようとするというだけが出家の目的ではない。ありのままの自分をみつめる、そのためにはまず一人きりになって自分をみつめてみるのが一番適切だとは誰でも分かると思う。

生まれつきえらいひとがいれば、大勢の人の中でもみくちゃにされながらも自分というものを見つめることはあるいはできるのかもしれない。しかし、これまで生まれた人の子で最もえらいといわれたひとでも出家してきたのだ。

こういうことを言ってみても、誰でもたいていこう言う。

「そんなことは言われなくてもちゃんと分かってますよ。分かっていても、じゃさっそく出家するかなんて皆が考えたりしたら世の中一体どうなると思いますか？　エラそうなことを言っているよりは、とにかくちゃんと職について、家族がいればその家族を養っていく方がずっと立派なことですよ。そりゃちっちゃなことかもしれませんが、そういうちっちゃな貢献の一つ一つが寄り集まって社会がなんとかうまくいっているのですからね」

僕自身はこういう意見に正面から反論するなんて気は今のところ起こらない。というのは、ひとのためでなく自分の好みでやっていることをいちいち弁明しなければならないなんて、考えるだけで面倒くさくて仕方がないからだ。

まず自分のことを考えてみようというのも、なにも革命を起こすとか戦争をするとかの大げさな芝居じみたことからではなくて、突き詰めて言えば僕がただそうしたかったからだけのことであるにすぎない。

そう、僕はごく当たり前にやってきたし、これからもそうだろう。当たり前にやるということに、一体いかなる弁明が必要だというのか？　それが病的だというなら、スタンダール流に次のように言わせてもらうことにしよう。
「要するに私は病的だと仮定しよう。それならそれでよろしい。私は病的だ。私がなお書き続けるなら、その点について私の多くのことがわかるだろう」

以上で、僕の興味をひいたのが「僕の哲学」であるということはだいたい明らかになったと思うから、次に、同時にそうではないという面について記してみよう。

先に、僕自身のうちにもともとあるものと(外部からの)影響とをはっきりと区別しなければならぬと言ったが、実際はこれは非常に難しいことだ。

現在僕はほとんど外出することなしに日を送っているが、それでもほんのふとしたスキマからさまざまな音が入ってくる。あえて雑音とは言わぬが、多分どうでもいいだろう音が大部分だとは知っている。

その他に、僕の方から影響を受けたいと望むこともある。書物とか音楽とか絵とかの類で、こういったものの愛好癖はなかなかなくならない。昔から、いったん気に入ったとなると手に入れ得るすべてのものをみたりきいたりしたくなる。自分なりにその(作者の)イメージができあがるまでは何年かかってもしがみついてやるぞという、自分でもいささか驚きあきれるばかりの闘争心にとりつかれる。

しかし、僕にとって本当によいもの、底を見せぬ巨大なものはそうそうあるわけではなく、僕自身がいくら見きわめてやるぞと発奮しても、ほんの少しで探検がおしまいになることの方がむしろ多い。こういう試行錯誤を経て、読んだり、みたり、きいたりしてきた結果、幾人かのひとたちが、たとえ残された著作類をすべて見つくしたとしても、なお、いわば疑問符のまま残ることに気がついた。しかも、そのひとたちのなんと似かよっていることだろう！

僕はこういう少数のひとたちに友情を感じる。すべてをささげたいと心から望む（僕流のやり方でだが）。このひとたちのことをふと思い浮かべるだけで限りない勇気がわき起こるのを感じる。このひとたちは永遠に（つまり死んでしまっても）決して飽きが来ないだろうとごく自然にうなずける。このひとたちと同じように生きたいと思う。これまで発見したこのようなひとたちの数はこれから生きていくうちにどれぐらい増えていくのか、今僕には見当がつかないが、そのひとたちに感じるものはきっといつまでもまったく同じで変わらないだろう。今こうして書いているときもたえずそのひとたちのことを頭に置いているのである。

こんなにも深く影響を受けたひとたちからまず第一番に教えられるのは、オマエはオマエなりにやっていけばよいのだという、この一事につきる。それは突き放すような冷たいやり方ではなくて、むしろ逆に、どこまでも深いいたわりと、ふさわしい言い方かどうか分からないが、愛とで僕を包んでくれる。そのあたたかい、快いもののうちにしばらく休んでいると何とも言い難い力のわき起こるのがはっきり感じられる。

乳離れした幼年幼女諸氏と同じような、つまり、あれこれと考えた結果ではない、あくまで生理的な冷たさでもって僕はいつかこの揺籃を抜け出す。時には調子に乗って僕をあたたかく抱えてくれたひとたちを敵にまわすようなことさえする。あえて忘れてやろうと心に誓うこともある。それは決してなれ合いでやるのではなく、真剣すぎるぐらい真剣にやるのだが(この時の僕の表情が真剣そうに見えるかは保証できないが)、しかもなお従前と変わりない限りない友情を感じるのである。僕は決して一人合点のつもりではなかった。たとえ文字しか、音しか、絵しか残っていなくても、その背後にいるひとたちに語りかけたつもりだし、その人たちは僕の語りかけに耳を傾けてくれ、返事さえしてくれたと信じている。

このような関係が今日の僕をつくったのだ。このひとたちなしには今日の僕はなく、それが僕の誇りの源泉でさえあるかもしれない。

これを読んで、はてどこかで読んだような文章だと思う人もきっといるだろう。固有名詞を一つも出さないでも、僕と同じように育まれてきたひとなら、星のように不滅な名前をいくつか思い起こすことができるに違いない。

それでは僕がこれらのひとびとによっていわば方向づけられたということになるのだろうか? 僕が発火するためのマサツ石であったということなのか?

断じてその通りであって、しかも、断じてその通りではない。こう断言してみても、実のところ説明に窮する。僕が「僕の哲学」のみに心をひかれ、その好みに忠実であろうとすることが即「僕の哲学」ならざるものへ心を開かれることであったのだと言えば少しは分かってもらえるだろう。

僕自身にひかれることに徹することで、実は僕自身とは別のものがあるのを見出したと言ってもよい。だから、「僕の哲学」にひかれるということと、その否定とはセットになって、一つの事柄の両面をなしているのである。僕はひとりでは生きていけないというのも正しければ、同時に、僕はひとりで、独立したものとして生きていけるというのも同じく正しい。言葉の遊びではない。事実そうなのである。

友情とは、相手が独立することを助けようとする志操だと言うことができる。相手の成長度合いに応じてその形は当然変わっていくだろう。

僕がどの程度成長したかということは、直接には分からない。ただ間接的に僕の友と感じているひとびととのつきあい方からぼんやりとした形で感じ取るしかない。それに、僕が友と感じているひとびとは、僕にどうこうしろとは決して命じない。ただオマエのやりたいようにやるさ、とのみ言うだけなのだから、僕が目指しているものを自分でハッキリ認識できるようになるまでは（生きているうちに認識できればの話だが）結局僕自身が僕の成長過程をはっきりとした形でとらえ得る日は来ないにちがいない。

この、目標がはっきりしないということという事実こそ僕が如何なる人間かをもっとも雄弁に語っている。僕が周囲のひとびととほんのちょっとでも変わっている点があるとすれば（ほんのちょっとどころか他人を仰天させるほどおかしなものらしいが）、それはつきつめてみるとこの一事、即ち、本当のところは何を目指しているのか、この僕自身が分かっちゃいないという事実に根をもっているのが分かる。これは実にやりきれなくもあれば、また苦しくもあることだ。誰か他の人がかわって背負ってくれればどんなにかラクちんできるだろうかと本当に何度となく悲鳴をあげ続けてきた。

しかも、なんということだろう、ただこういう声だけは奇妙なくらいにはっきりと一貫してきこえつづけている──この荷を背負うものはオマエのほか誰一人いやしない、と。

僕は幸い（と言うべきなのだろうが）頭が悪いなんて一度も言われたことがないが、この目標の不確かさというのは明らかに頭が悪いというふうに見せかける力を持っている。なにしろ、一番肝腎な点に近づけば近づくほど、ボンヤリ曖昧な風貌になるというのだから。どういうふうに見えるかというのも大切なことには違いなかろう。この点は僕はやはり哲学者らしくないようで、オシャレだとは言わないまでもどう見えるかという一事だけで頭を一杯にしていた時期もあるのだ。

だが、それはともかく、ちょっと考えさえすれば誰にでも分かるハズだと思うが、頭のよしあしと目標を定める能力とは本来別のものである。

もう一度分かりやすいように要約すれば、自分を信じ、自分のやりたいようにやると決めてみたところで、さてそれでは僕が現実に何をやるかということは、何をやりたいのかがはっきりしない限り、少なくとも人目にはステキなことでもスマートなことでも、そしてもちろん立派なことでも賢明なことでもないということである。出家する人がきわめて少ないのも、実はゼニカネの問題以上にここら辺に一番の原因があるのかもしれない。

僕がこれまで会ってきたひとびとの中には、何をやろうと決めなくても結構楽しくひとりで生きていけるひとたちもいる。生まれつき他人の目というものを意識しない気質を持っているひとたちで、一見して非常にボサッとした印象を与えるため人受けはよくないし、組織とか家庭とか、要するに複数のひとが集まるところではいつも孤立してしまうのだが、本人はそういったことをそれほど苦にしない。たったひとりで冷飯を食べていてもみじめだともつらいとも思わず、といって特別に楽しいとも思わない。特別の技能なり才能なりがある場合は大活躍することもあるが、通常は変わりもんということになっている。僕はこういう気質のひとたちが好きで、意識してこういうひとたちに近づくこともあるし、仲良しになってからこういう人であるのに気づくこともよくある。どういう理由からであれ、大勢の群れの中にいるひとよりは、ただひとりでやっていけるひとたちとの方がなんとはなしにウマが合うのだろう。

でも、僕はこういうタイプの人間ではないとよく知っている。僕の血の中には鉱物質のものが感じられない。言ってみれば純粋に人間的だ。だから僕が「自然であること」を良いことだと思う場合も、その自然は人間にとっての自然である。ただの変わりもんも楽しいし、決して例外的な存在だとは思わないが、僕自身はただの変わりもんになりたいとは思わない。僕のような人間がちょっと変わったことをやろうとすると、偏屈になったり強情になったり独善的になったりしてうまくゆかない。だから、当たり前にやるのが一番いいと考えている。

そして、僕なりに考えた結果当たり前にやってみると、ひととは全然違ったことをやってしまうことがある。僕にはその差異がよく分かる。気にもなる。でも、これは僕なりによかれと考えてやったことなのだから仕方ないじゃないかと思って、まわりとの差異を十分意識しながらも敢えて自分の思った通りのことをやるとき、その原動力は意志力である。別にいなおるのではない。あちらに反応するのではなくて、あくまでこちらでやりたいことをやろうとするだけなのだから。

こういう僕からみると、僕の考えている人間的な人間はちょっとダラシない位に怠惰で、ものぐさで、万事いいかげんだ。こうでなくちゃあならんということなんてめったにない。あらかじめ予定を組んでおかなくても局面に応じてなんとかなると考えるような人間だ。

しかし、こういうダラシなさ、たるみというのは反面融通のきく利点もあわせもっている。機械がきまった仕事しかできないのと比較してみればすぐ分かることと思う。しゃがんでいるような状態にも比し得るかもしれない。そこに力を注入してやれば自在に変化できる可能性を秘めている。

したがって、いつまでもダラシないままで終わるかどうかは、そこにいかなる性質の、いかなる量の力を注ぎ込めるかにかかっているのだと僕は思う。

ところが、僕の考えているような人間らしい人間がただ一匹だけこの地上に放り出された場合、そのダラシない状態（彼または彼女が自分のことをダラシないと考えるとは思えないのだが）から抜け出そうとする何らかの力が彼または彼女のうちに生ずるようには僕には思えないのだ。というのは、ダラシない状態というのはただ食って生きていくためには非常に好都合な状態で、したがって、ダラシない生き方を変える動機がないだろうから。

ひとりだけなら食うものはなんとか見つかるものだというのはえらく楽天的なようだが、かえってそういう仮定がただひとり放り出された人間という仮定に現実的な色合いを与える。人間が本来雑食動物だというのは単なる偶然とは思われない。地上で一番融通のきく動物であるということが自然界の中で人間を人間らしくしている一番の契機だと僕は考えている。

こんなにも大勢の人間が住んでいる中で、なお他人のことが全然気にならないというのは人間らしさのある方向への制限なのだと思う。変わりもんと呼ばれても仕方がないと思う（だからいかんというのではないとはっきり言っておこう）。

逆に、他人がいなければどうしようもないというひとたちもいる。いるどころか、この地上はそういうひとたちがますますふえていく傾向にあるようだ。それこそ現代の一大特徴だと言える。こういう人たちは人間らしさを制限するというより殺す方向に向かっているのだと僕は考えている。構成員を考える前に構成員全体（つまり大きな意味での組織であり、社会である）をまず考える、ということは、たとえ如何に立派な哲学なり思想なりイデオロギーなりで潤色しようとも、少なくとも自然ではない。全体というものが実は部分のためにこそあるべきやむを得ない一種の制限なのだということは、当たり前すぎて理屈も何もいらぬ、いわば人間にとって当然のことだ。それが、どんな歴史の教科書でも分かることだが、この当然のことが当然ではないのが人類の歩みだった。そして、ますます当然ではない方に向かっている。

われわれが皆無名の存在であるということが逆説でも何でもない当たり前のこととして通用するほどに当然ではない方向へ突っ走ってきた。その無名のひとたちが幸福になるなんて、もうありはしないだろうと思われる位だ。彼らは自然の欲求というものはなべて悪いものだと骨のズイまで教え込まれている。好きなものを好きだと言ってはいけない、嬉しいときに喜んではいけない、悲しいときに泣いちゃいけない、うまくいっても自慢してはならない、理想とか野心とか闘争心とかロマンチシズムとかはすべて遺物となって博物館入りだ。

僕が友情を感じるひとびと、僕が同じようでありたいと望むひとびとの歩みは外見は波乱に満ちている。それ以上に、失敗、不名誉、ザンボウ、誤解、孤独に満ちている。囚人であり、流れ者であり、被告人であり、気違いであり、不適応者であり、要するにダメなヤツといわれる部類のひとたちだ。あとになって眺めるだけなら波瀾万丈でおもしろいということにもなるが、彼らは実は好んでそういう生涯を送ったのではなかったのだと僕は信じる。

そのことは、彼らがひとりきりのときどういう人間であるかということを考えてみればよい。彼らは決して大ゲサなことを考えたりするタイプのひとではなかった。人類のためになんて志向とは全然関係のないひとたちだ。ただ当たり前にやり、当たり前に生きていく、といったひとたちだ。当たり前の感情をもち、当たり前の抱負をもっていたひとびとだ。生きていくことのバカらしさ、おかしさ、ダラシなさを本能的に知っていたひとたちだ。つまりは当たり前のひとだったというにつきる。

僕がこのひとたちのいわば原形質的部分だと判断する特徴と、外見上の特徴、例えば雄大な冒険、不屈の闘争心、はてしない開拓精神、気違いじみた情熱、みにくいまでの野心、高マイな理想、反骨といった特徴とはあまりにかけ離れているようにみえるかもしれないが、実は盾の表と裏に過ぎないのである。ウツボツたる意志力の源泉にこそ本当の秘密が隠されている。ただそのひとたちの住んだ時代と場所、そして生まれながらの気質の差異に従って千差万別に現れるに過ぎない。偉大だとか天才だとかの形容詞は周囲の言うことに過ぎず、そのことを一番よく知り抜いているのが当の本人である。彼らは何の幻想をも抱かない。ひとの評価をせせら笑えるだけのしっかりした足をもって地上に立っている。

彼らはしっかりと足もとをみつめることによって、余人の言葉にまどわされずにみつめることを学び、勇気を得たのだと僕は思う。

僕はひとびとの良心を信じるなんて夢みたいなこと（これが夢でなくてなんだろう）を決して言いはしないだろう。むしろ徹底的に不信を抱いて、隅々までクマナク見透すようにみつめるひとの目の方を信用する。あくまで見つめぬくこと、そのためにもあくまで自己の信ずるものを捨てないこと、そういったことのできる勇気を持ったひとの方を信用する。

そして、自己の信ずるものを固く守るということがこの歴史時代においてはいつでも実は自分を捨てることにつながっていた。なにも犠牲精神が特別に豊かだったのではなく、当たり前にやってみると決まってあたかも犠牲のイケニエになったような観を呈するというだけのことだ。偉大だといわれるひと、天才だといわれるひと、賢者といわれるひとは（生きているにしろ死んでしまったのにしろ）そう言われることを決して欲しはしない。

僕はそういうひとたちを尊敬する友として感じ、そういうひとたちの一人になりたいといつも願ってきた。僕自身が現実にどういう目標をもち、どういう行動をなすか、もう十分固まったとは全然思えないが、このひとたちを目指して歩んできたし、これからもそうだろうと確信しているのだから、僕はそのひとたちらしさを学ぶとともに、そのひとたちの周囲へのあらわれかたをまた学んでいくにちがいあるまい。そして、その結果、「僕の哲学」は結果としては「僕の哲学」以外のものに到達しつつあるのだと確信できるのだ。結果としては、ということをよくよく考えてみていただきたい。

続いて、では僕は今誰のためにこの文章を書いているのかということについて述べてみることにする。

僕が哲学（といってもそれが他人の目から見れば哲学とはみえないかもしれないが）にひかれたのはもうずいぶん前からのことで、さかのぼれば高校生だった頃にはすでに興味をもち、僕なりに考えていた。

僕はひどく単純にできているらしいので、ほかのひとならたぶん考えるという言葉を使わないであろうようなやり方で考えていた。それが幼稚でひとさまにさらけ出すにはあまりに恥ずかしい程度の思考だったとは僕は思わない。単純といえば今だって高校生、いや中学生の頃の僕と比較しても劣らぬぐらいに単純だ。それは性格的にズバリ本音しかはかないようにできているためらしい。

あくまで本音で通すよりほかにやりようがないと感じてはいながら僕は高校生、中学生と時間的にさかのぼればさかのぼるほど人目を気にしていた。僕が自分でも耳が悪くなっているなとはっきり意識したのが中学校に入る前後の頃で（近視と同じで、徐々に変化する病気に本人が気づくのには時間がかかるものだ）、それ以来僕は罪人のような意識で生きてきたのである。囚人に何が言えよう、ただ従うのみだ。あくまで服従し、改悛の情を示すことによってしか再び自由になる道はない。おおらかで素直に見えるほどにまで服従すること、これがわが道なのだと信じた。他人とはつまり見張り人であり、世界は監獄であり、その世界を遠巻きに監視している絶対者（たぶん神というのがそれにあたるのだろうと考えていた）がいる。

当時そういう図を書いたことがある。僕の外側に他人がいて、その外側に神がいる。図を書いているうちに、人間を監視している神というものがあるならその神をさらに監視している神の神がいてもおかしくはないじゃないかと思って、もう一巻きの円をかいた。そこまで来ればもう何重にでも無限の円がかけるのだと気がついて無限の渦巻きになってしまった。これが僕の相対化への歩みの第一歩だったのかもしれない。

しかし僕の目は非常に現実的にできていて、僕の一番の関心は神ではなく、僕のまわりにいる周囲のひとたちだった。僕の考え方からすると、とにかく理屈抜きで（やっぱり昔も哲学者らしくはなかったのだな）誰からも好かれねばならぬのである。それをよくいえば可愛らしいということになるが、本当は僕は卑屈で、いつもひとに嫌われないようにとばかり気にする主義、論理皆無の八方美人で、分からないことも分かったふりをし、どんなときでも人前にいる限りは愛想よく笑い、完璧なイエスマンだった。

これらの特徴のうちには僕が生まれながらにもっていたと思われる部分もないではない。実際僕は全く健康そのものだった子どもの頃から誰からも好かれていて、耳が悪くなりはじめてからはそれを意識しながら努めた点が異なるだけといってもあながち見当はずれとは思えない。

とにかくこのようにして、僕は自らを受け身の立場に置くということに一所懸命になっていた。だから僕自身の方から周囲のひとびとに向かって何か主張したりするなんてことは僕の正常な精神状態からは思いも浮かばぬことだったのである。僕は立法者ではなくて、あくまで立法化されたことを誠実に遵守する立場にあると考えていた。僕にはなぜの問いが欠けていて、それはいつも与えられたものだった。

こういう僕のひかれた哲学とは、つまり与えられたものを上手にまとめるということに関するもので、僕はキチンとしたもの、厳格な規律に憧れていた。それが人生の真実なのだと思い込んでいた。僕の父が裁判官だったこともこういう志向にきっとかなりの影響を与えていたことと思う。父はいかにも裁判官らしいキチンとしたひとだと当時の僕には思われた。表面上はともかく内心では父の存命中を通じて、僕は父を父と呼ぶにいかにもふさわしいひとだと思い、こういう父をもったことを誇りにも思えばまた感謝の念を抱いてもいた。父は折よく(とでも言うほか何とも言いようがない）僕がまだこういう状態にあったときにあっさり死んでしまったので、僕は父にも、父という言葉にも悪意らしいものをもつことはなかった。

これらの僕の特徴だったものの多くは今ではカゲカタチもなくなっているように見えるかもしれない。事実そうだと思っている点もある。しかしまだ（というより、いつまでもという方が僕には適当な形容だと感じられる）残っている部分は確かにあって、それを現在の僕の言葉にひきなおせば受動的ということである。今日まで僕のうちにこの態度が残っているのは僕にはたんなる昔の名残とは思われず、僕自身の心のうちに深く根ざした態度なのだと考えている。

では、受動的な人間がものを書くとき、それは誰のために書いているのだろうかと考えを進めていこう。

受動的であることと書くこととは一見矛盾している。なぜなら、書くということはこちら側から進んで何かすることの一つであるから。

僕には長い間この二つの間にある関連が分からなかった。受動的な人間だと考えていたのと同じぐらい長い間何かを書いてみたいといつも心の底では考えていたし、それが現実にいくつもの自伝の試みとなってあらわれたのだった。この二つはいずれも僕にとってきわめて自然で似つかわしいもののように思われていたのに、両者はまったくバラバラのままだった。この二つが本当に僕にピッタリしたものであれば、この二つには何かしらの共通した性格があるはずであり、もし通常の意味でこの二つがうまく折り合わぬのであればいずれかの意味内容を改めねばならぬことになるだろうとは考えていたけれど。

そして僕が少しずつ考えていった結果、もし改めるならそれは受動的ということの方であると考えるようになったのはそんなに古いことではない。

そう考えるようになった理由はハッキリしていて、書くという動作に比べて受動的であることの内容は曖昧だというにつきる。ハッキリしているようで実はハッキリしていない。いうならば、動詞の確かさが形容詞の不確かさに打ち勝ったのである。

そこで改めて受動的という言葉を僕なりに吟味してみた。それは難しい作業だった。いくつもの自伝を長い期間にわたって試作してみるのと同じ位に難しいことだった。

そして出た結論というのは、受動的ということとその反対語である能動的ということとは本当の意味での反対語ではないということだ。つまり、受動的になるか能動的になるかは自分で決めることではなくて、周囲の状況次第だということである。たまたまこれまで僕の場合は受動的であるのがふさわしいと思われるような状況にあったから受動的になったのであって、状況が変われば能動的になるのは不自然でも何でもない、いわば戦術を変えただけのことだということである。

受動的という言葉をあれこれセンサクする一方で、同時に書くということもまた曖昧なことのように思われ始めた。

というのは、僕は書いていて何かこちらから進んでやっているという気持ちになったことが全くないからだ。生きていくのと同じで、書くのも何かすでに知っていることを手際よくまとめるという感じにはならず、それは僕自身のことを書くときにとりわけ顕著である。なんだか手が勝手に自動的に動いているのをこの目でただ眺めているといった感じになる。書かせられているといった感じになる。

僕が長い間何をやるべきだろうかハッキリ分からなかったのと同じように、何を書くべきかということもまたハッキリ分からないままにただ書いていた。もちろん、何にもなりはしないと分かっていればそもそも書く気など起こりはしないのだろうから、少なくともこの僕自身には何か益するところがあって書くのだろうとは思う。しかし、どういうふうに益するところがあるのだろうかとはハッキリ分からないままに手が動き始めていたというのが一番正確な言い方だ。

またまた耳のことを持ち出すと、ずいぶんこのことにこだわっているように思われるかもしれないが、この点から説明するのが一番すっきり理由づけられる。確かに書くという動作を他の、話すとか、聞くとか、見るとかの動作（にはちがいあるまい）と比較すればちょっと手が込んでいて2次的な動作のようにも思われる。しかし、他人を現実に、つまり目の前において何かしなくてもよい動作を1次的な動作とすれば、書いたり読んだりすることはこの条件を満たしている。他人を意識するにしてもただ自らの頭の中で思い浮かべれば足るという点で現実の他人を前提する必要がない。したがって僕のように他人との交わりがなかなかスムーズにはいきにくい人間にとっては、書くということがいわば生きていくための第一次的な手段、技術となることはうなずけよう。これまで僕自身が僕自身のことをあれこれ考えることにばかり精を出していたにしても、それをさらに周囲のひとびととの交わりにも応用していこうとすることは自然なことではないだろうか。ただ読むだけではなく自ら書いてみる方向へ進んでいったのだと考えられないであろうか。このような意識のもとでは、書くことは何かしら受動的な行為であると感じられる。書き手になりながらも読み手でもあるという意識をそのまま保持している。

このように考えを進めていけば、誰のために書いているのかという問いは、実は何を書くのかという問いに答えなければ答えが出てこないし、何を書くのかということへの答えのうちに自ずから誰のために書くのかという答えも含まれるというふうに思われる。

そして、僕が生きていくのと同類の事柄として書く行為をとらえている以上、この問いは実は「僕の哲学」とは何なのかを問うているのに他ならないことになる。そこでいよいよ「僕の哲学」の本論に入ることになる。

僕は長い間、僕には僕にとってのスジメが何であるのか永久に分かりはしないであろうと感じていた。そういう意味で「僕の哲学」を未完成哲学と名づけていた。いつまでも完成するに至らないのだと言えばちょっときこえはよいが、実に困ったことだという意識はあった。しかも、実際の僕の生活のうちではスジメらしきものが氾濫するばかりにあふれていて、僕は金縛りの状態にあった。

この奇妙な現象を説明してみれば次のようになる。

人間が生きていく、ただ生きていくのはあっけないぐらいに簡単なことなのだと僕は思う。死なないだけの食物と死なないだけの温度を維持できる手段（こういう観点から見れば「住」は実は「衣」の一種である）さえ整えばなんとか生きていける。しかも食物の種類は狭く限定されていないのだから、長い地球の歴史から見ればほんの一瞬のごとき有史以来これだけ爆発的に人口が増えつづけてきたのは別に不思議でもなんでもない。地球はあたたかくなりつづけているという論議もあれば冷えはじめているという論議もある。いずれかが正しいのかもしれないし、いずれも誤っているのかもしれない。どちらにしろ人類が発生して以来今日までこうやって生殖力、生命力の旺盛なところを見せ続けてきたということは明白な事実である。人類はよっぽど地球向きにできているという印象を与える。

小学生だったとき頭のいい同級生がいて、彼の父親は医者で、小便とウンコとはどちらがきたないかといった難しい質問をしては僕を驚嘆させてくれたのだが、その彼が僕に空気（酸素のことだ）はどうやってできるものか知っているか、ときいた。僕は空を見上げて、もちろんはじめからもともとあったに違いないじゃないかと答えた。すると彼が言うには、植物がつくるのだというのである。僕は本当にびっくりしてつくづく空を見上げ直したものだ。当時「空を見てごらん」と言って、見上げた者の口がポカンと開くのをみて笑う遊びがはやっていた。いくら彼がエライやつで頭がいいにしても、これだけはウソに違いないと思った。炭酸同化作用というのはもう理科で習っていたし、緑の葉の一部を覆っておいて、次の時間にヨーチンをつけて反応を見るという実験もすでにやっていたのだが、そんなので大勢の人の用が足りるだけの酸素ができるなんて夢にも思わなかった。僕はその頃小さい田舎の城下町に住んでいたのだが、そんな小さい田舎町に住んでいてさえどこもかしこも人であふれているという感じだった。今でも東京のバカでっかい家やらアパートやらのふくらみの中を電車で突き抜けているとき、本当に酸素ってのはよっぽどたやすく大量につくられるのかもしれないという気持ちになることがある。緑の少ない東京の中でもほとんどがコンクリートばかりの建物群に通勤することが即出世というのだからいやはやすごい時代だ。僕などひょっとして出世と出家が同じことばにみえることがある。

とにかくこのように見てくれれば人間のほとんどが住みにくい世の中だと言って暮らしていることの原因はほとんど人間自身でつくり出したという、まったく妥当で、しかも決して快くは受け入れられない結論に達する。なんのことはない、難問を自分たちでつくっておいて、しかも一生この難問を解けずに死んでいくのである。一番マジメな顔で論ずべきものとされているらしい政治から始まって、経済、社会、人生諸般の問題のうちでも難しいといわれる問題はまず人間が勝手に問題として意識したものである。これだけたくさん問題をつくり出せば、たしかに生きるのは大変なことだろう。ごちゃごちゃしていて何がなにやらさっぱりだ。

僕は人がいいのだそうで、よくだまされる。だから僕は法律を勉強するのがいいと父が結論したことは父親的に賢明なことだった。なぜなら一番カネのなる木というのは人間が自身でつくりだした問題の精髄とも言うべき部分に存在するのみならず、この複雑怪奇な問題群を上手に処理できることが知的で、ハイカラで時代の先端を行くものとされているからである。

僕は高校時代マジメな青年で、喫茶店に友人と入ったのがたった1回きり、外へ行くといえば決まって本屋。クソマジメというかバカマジメというか、天然記念物級だった。そういう僕が大学に入って早々きいたことで、今も頭に残っているのは、大学というところは高校までの勉強とは違ってただ憶えるだけではない考えるガクモンをするところだということである。当然のようにこの言葉もマジメに受け取って、難しい、永遠に解けるかどうかさえ分からない位に深遠だというガクモンの世界に対決しようと決めたのである。囚人めいた敬虔さでそう決意した。

僕は僕なりにこの謎解き作業をマジメにやったつもりだ。本を読むのは一番好きなことの一つだったから面倒くさがらずにいろいろ読んだ。面白くてたまらなくなるようなものもあったし、1頁も読む気にならないものもあったが、少しずつ読んでいくうちに展望めいたものも得られるようになった。

僕が一番関心をもっていたのは経済の分野で、それは、人間はとにかく食っていかねばならぬのだからという当たり前の認識から出発していた。この分野で頭に残ったのは独占という言葉だった。われわれ人類はすべての人間が飢えることのないほど十分な食料を生産できるだけの技術を持っていると思われる。ところが地球上では飢えている人の方がむしろ多い。僕自身がユーラシア大陸を横断してみた感じでもそうだった。なぜかと問うてみれば、結論は分配が公平になされていないというにつきる。まったく当たり前のことで数学など援用するまでもない。しかも、少数の持てる人たちは有利な位置にあるのだから、新しい技術なり発明なりの成果はこれらの人たちに有利に使われ、したがって、相対的に彼らはますます有利になる。書物によれば、ふやすためにふやすというのが資本の論理というものだそうだ。独占の裏面で人口増加と相まって新しい社会問題が生じ、それに伴ってわれわれ人間にも新しい生き方が必要となる。

経済の組織化をする側からすれば、儲かればなんだっていいのであり、戦争も儲かる、貧乏人が増えて賃金が安くなるのも儲かる。しかし、無制限にそれを推し進めれば地球は破綻するので、平和を望んでいると声を大にし、貧乏人を下に組み込んでいった。

誰でも知っていて、誰もが忘れるのは、不況というのはものが足りないのではなくて、余っている状態のことだということである。しかし、どんなに余ってもそれをタダでくれてやるという人はいない。そこで援助といった名目で売り込んでいく。

(このあと、国単位で考えてはいけない、支配する側とされる側に分けて考えなければいけないという、本多勝一氏の考えが私なりにまとめられているが省略する。当時本多氏の本を読んでいたんですね。)

で、どうなんだとさらに僕は考え続けたのだった。こういう結論が出るまで僕がいろいろなつまらない約束事にとらわれ、しかもその約束事にとらわれることが誠実のアカシであるかのように思い込んでいたことは今さら否定のしようがない。ブツブツとくだらないことをわめきつづけているひとびとをバカな野郎だと思っていたのも事実だが、それが実はバカらしいことだと知ったからといって、では僕は何を分かっているのだろうか。

僕が「僕の哲学」を未完成哲学と名づけていたのは、そういうこととは直接にはなんら関わりのない点においてだった。そして、この点にこそ僕を僕らしくさせているものが潜んでいるに違いないと感じていた。

この未完成ということを分かりやすく説明しよう。なに、簡単なことで、誰でもすぐ分かることだ。しかも、誰でも経験から知っていることだ。

今は東京の空は随分よごれているようで、夜空の星は心なしか弱々しげな光を投げかける。あの星を見ながら考えてみる。あの星の向こうには一体何があるのだろうか。一番遠い星のさらに向こうには何があるのか。あるいは何もないのか。その心もとなさをなんと表現してよいものか僕には分からない。星に吸い込まれるようだとでも言おうか。学校で地学を習ったときもこの点に注意していたのだが、この空がどこまで続いているものなのかは書いてなかった。星の一生については書いてあるが、星の世界の向こうには何があるかについては書いてないのだ。はたして無限に同じ世界が続いていくのか、それとも「何もない」という分かったような分からないような世界が見いだされるのか。ないということを証明するのはあるということを証明するよりずっと難しいことだ。

それと同じことが時間についても言える。僕たちの父母は僕たちより前に生まれ、彼らの父母はそれよりもさらに前に生まれ…とたどっていけば、人類誕生の時にさかのぼる。それをさらにたどれば生物誕生の時に至り、さらに地球の起源、宇宙の起源とどこまでもさかのぼっていくことができる。僕たちの目に見えるものはすべて起源があり、それはある時パッとこの世に生じたのか、それとももともとあったものなのか。逆に未来へと思いをはせると、いつまでもわれわれの脳ミソで判別できるような仕方でこの世界は続いていくのだろうか。

このように考えてみれば僕たちは縦にも横にも限界というもののない世界に住んでいるというまったく当たり前の結論に達する。まったく当たり前でいて、目まいがしてくる事実だ。

この世界を限界づけるためには、誰かしら創造者がいるという前提が必要だが、少なくとも僕の五感で分かるような形での創造者はいないようで、多分ほかの誰でも事情は同じだろうと思う。

したがって、われわれが皆、つきつめれば素性の知れぬ何かだということは、哲学でもなんでもない当たり前の事実なのである。その素性の知れぬ由来不明の何かである僕たちが何かしらのスジメを認めたところで、結局それは手前勝手な理屈をひねり出すだけで、本当の意味でどうでもよくはないスジメなど見いだせるわけはないということが「未完成」という言葉の意味である。当のご本人が何者だか知れぬのに、その当人がどうのこうのと考えたところで、何かしらの本当に確たるものを見いだせるわけはないではないか。

どうも、あんまり当たり前のことばかり書き並べて恐縮するが、これぐらい当たり前にわれわれは得体の知れない世界に投げ込まれているのだということははっきり言っておきたかったのである。

ところが、考えてみるともっと不思議なことがある。大きい山があるとする。小さな山でもよい。その山がある日見てみるとなくなっていたなんてことがかつてあったためしがあるのか。どこかできいたような話だと僕自身も思う。たしか山を動かせるかというような禅問答の本だった。そんなことは起こりようがないし、もし起こるとすればそれは地殻の変動とかなんとか、僕にも分かるような理由の結果だろう。どんなに考えても分からないような仕方で山がパッと消え去ることはないと思う。

山に限らず、地上にあるものは生き物だろうと無生物だろうと皆そうだと思う。目に見えるもの、手に触れるものの確かさよ、と思わず叫んでみたくなるほどのしっかりした手ごたえがある。

この確かさということとわれわれの住んでいる世界の曖昧さとを比べてみると僕はつくづく不思議になる。世界がどういうものかだかも知れないのに、しかも、世界の内にあるものは僕にも分かるような仕方でしか変わらないものであるらしい。何とも不思議な話で、こういう確からしい事実を見せつけられると僕がこの東京でかくかくしかじかの生活を営んでいるということはマギレもない事実なのかと思ってしまっても誤りではないように思われてくる。神がかりのものの必要もなくそう結論づけられるのではないかと思われてくる。

こういうごちゃごちゃごちゃした堂々めぐりのうちに僕の20代前半は過ぎ去っていったかのごとき印象さえある。このごちゃごちゃした想念をまとめてみると次のようになる。

「はじめにまず事実があって、その事実があるがゆえに僕はその事実があると分かる。事実が変わるには一定の原因があって、その原因にしたがい一定の結果が生じる」

これは実証主義と言われている考え方だ。

一方でこれとは別の考え方もまたある。

「僕がかくかくしかじかの事実があると判断する結果、事実というものがあるように思われるだけのことである」

これは主観主義といわれている考え方だ。

僕は、あるときは実証主義にしたがい、あるときは主観主義を信じて生きてきたが、あっちにつき、こっちにつき、とさまよいながらいつでもひそかに感じていた。どっちだっていいじゃないか、どっちが正しいのかはどうせ分かりゃしないのだから、と。別にどうこうと理由はつけずにそう感じた。哲学者らしくないことかな、これも。

今ならなんとかこの感じに対して理由づけをすることができるだろうが、とにかくそのように感じたのはどうでもいいことをご大層に考えるなんてバカらしいという気持ちが底にあった。存在がどうのこうのと、いかにも哲学者らしいひとびとには今でもアイソがつきる。そういうことにかかずらうことなく生きてきた僕は上等だと、自ら感心したりする。まったく鼻持ちならない。しかし、それでも、事実なんてものはもともと僕たちには分かりはしないのである。星が保証してくれるのは、まさにこの、事実は僕たちには決して分かることはなく、事実と呼ばれるものはおよそ事実らしからぬ性格をもっているということだ。

そうである以上原因なり、結果なりというのも実は僕たちには決して分からないことだ。何千回繰り返しても、何万回繰り返しても同じ結果になるならたしかに確からしいと言わねばなるまい。その変化を一定の法則として定式化すれば便利にはちがいない。おかげで今日では空を飛べるどころかもうすぐ宇宙旅行さえもできるという。まことに結構。それで原因なり結果なりが分かったと信じられるのであればそれも結構かもしれない。僕もそう信じられればと幾度思ったか知れない。だがやっぱり何とはなしにヘンだ。ヘンというのがヘンなのか。だが、結局分かりはしないといったん気づいて、しかも分かると信じるのはこれは信仰とでもいうしかない。

分からないものは分からない。

事実が分からないのと同じように僕というものもまた分からない。僕は正体不明のXである。僕が何かを感じ、何かを考え、何かしらの判断をしたりするからその主体がなければならないというのは、結果があれば原因もなければおかしいと考えるのと同じことで、つまりはこれも信仰の一種だということになる。このことは、僕に限らず僕たち人間すべてに言えることだ。なにも僕たちが忘れっぽいから僕たち自身のことがぼんやりとした正体不明のものになるのではない。そうではなく、僕たちがもともとボンヤリとしたとらえどころのないものだというにすぎない。

もちろん、事実は事実で否定する余地はないとあくまで言いはるひともいるだろうし、逆に、自分で見たりきいたりしたこと以外は一切信じない、自分で見たから、きいたから事実なのだと言いはるひともいるだろう。それはそれでいいと僕は考えている。それは、確かにその通りかもしれないという可能性があるからではなく、別の理由にもとづく。すなわち、これも一種の信仰の一つには違いないが、信じるということに何らかの価値があると考えるからだ。

僕自身は、事実自体というものも信じないし、僕自体というものも信じない。要するに分からないものを分かったと言うことはできない。そうすると、僕が生きているこの世界はいわば仮のものだということになる。すべてが仮のものだということになると、普通言われているような意味での真実なんてもともとありはしないということになる。他人も信じられないということになれば愛もまた仮のものということにならざるを得ないし、憎しみもまた同じである。思想というもののある余地もなく、秩序もなく、つまり分からないことずくめの中に正体不明の僕がいるらしいということになる。

これが僕が高校生だった頃からすでにもっていた「思想」である。

それでまあよくもピンピンして生きてこれたものだとわれながら感心もするし、おかしくもある。こんなことを考えている僕が他人をひどく気にしておどおどしたり、つまらぬことに腹を立てて何カ月もむくれたり、学校での成績が少しはよくなってほしいと手を合わせたりしたことがあったのだと考えるとまったくおかしい。おかしくって涙が出るほどに笑ってしまう。

しかし、底に根づいたものは強いものだ。一度根をはってしまえばもう死にはしない。それを感じることが僕の喜びの究極の源泉になっている。そのことに対して、僕は一体誰にかは分からないながら、心からの感謝をささげる。

何も分からないところにどうして「僕の哲学」があり得るのか。実際そんなものがあるのか。あるだろうと僕は思う。あるに違いないと僕は思う。そのことをこれから説明してみることにする。

僕はこれまで何かしらの職業につきたいと心から望んだことは一度もなかった。ここで職業とはメシのタネを得る手段と解して下さい。

これは非常に困惑することである。ほかでもない、食うものが得られない。職業なしでポツンと一人きりになったと仮定すると、たとえ断食の経験があるといっても、何カ月か後には骨ばかりになって死んでしまっているだろう。

なにしろわが日本はいまやどこもかしこも、何もかもが誰かの所有物なのだし、雨水があるといっても水だけで生きながらえるわけにはいかない。魚でも釣るか？　山に入って山菜でも探すか？　もっと手っ取り早く盗みをやるか？　そしてわが優秀なおまわりさんに捕らえられてめでたく監獄でくさいメシをくうか？　これも定義にしたがえば職業なのか？

別にふざけているのではなく、先に述べた目標が定められないということの一部について具体的な仮定のもとに考えただけのことだ。

やりたくないことはやらないという点において、僕は比較的頑固な方に属する。頑迷というべきほどに頑固だと思う。そして、正直困る。

僕は弁護士になろうと思ったら登録さえすればよい状態にあって、見聞したところ弁護士という商売はなかなかカネのなる木らしい。しかし、少なくとも現在までこの商売をやろうという気になったことは一度もない。ひとからゼイタクだと言われ、もったいないと言われ、坊ちゃん根性が抜けないのだと言われる。そんなとき、どうでもいいじゃないか僕自身のことなんだからと思いつつも、「実は何々になるつもりなので」とか、「肺病ですので」とかの誰をも納得させられるような理由があれば簡単に返事ができていいなと思う。残念ながら、僕程度の難聴で現に法廷で立派にやっているひとはかなりいるし、身障者向きの仕事だとさえも一般に言われている。なぜこんなに頑固に職につこうと努力しなかったのか。この問いは今まで何度も僕自身のうちで繰り返し繰り返しささやかれてきた。

僕は僕自身のことになるとまるっきりダメなのだ。本心からそう思っている。それでこの問いも長い間解決されずに（もし職についたら解決したと言えるとしての話だが）、今日まで問いの形のままで残っている。

この問題について、ひとに披瀝できるほど立派な定見をもっているわけではないから、ただ何とはなしにこうなってしまったという面のあることは否定しない。否定しないどころか、僕は非常にものぐさな一面をもっていると自分では思っているので、ただ面倒くさくて就職しなかったという面はかなり大きいと思っている。しかし理屈抜きの（これも哲学者らしくない一面）ただの感じだが、メシのタネに類する理由で就職するなんてバカらしいとはっきり思っていた。バカらしいと思うことは僕にはできない。

これはほかの何についてでも当てはまる。何かやろうかどうかと迷ったとき、バカらしいという答えが出てくれば僕はもう断じてそれをやりはしないだろうし、すでにやり始めているなら、僕なりの常識をこえない範囲においてではあるが、必ずやめてしまうだろう。

しかし、よく考えてみると、僕がバカらしいとつぶやくとき、バカらしさには2種類のものがある。上に挙げたような例でのバカらしさは、普通ひとがバカらしいというのとあまり差異はない。ただ、バカらしいと思っても、たいていのひとは仕事なり何なりをやり続けるのだが。

もう一つのバカらしさは、例えば僕が「ああ生きるのはバカらしい」というときのバカらしさだ。僕は実際に声を出して、「ああ生きるなんてバカらしいな」と何度も言ってきた。この種類のバカらしさについて、僕がバカらしいと言うときの状況から推してみると、いくつかの特徴を備えている。

まずそれは、僕が元気なときに限って発せられる言葉だ。

苦しんだり、悩んだり、暗い気分になっているときにこの言葉が発せられたためしがない。それを知っているから、元気がないなと思うときに「ああ生きるなんてバカらしいな」と口に出して言ってみると、その瞬間にたちまち僕は元気を取り戻しているのに気づく。そう言ってみようかなどと思わないなら、それはよほど僕が弱っているのだというバロメーターになる。そして、元気なときに発せられるのだから、その声は非常に軽く、弾力性を備えている。

さらに、バカらしいと言われるものが限られていて、しかもそれらはきっと僕が最後まで、たとえ表面上はどうであれ、本心からいつくしむだろうといつも感じてきたものばかりだということ。生きることから始まって、死ぬこと、バカげた行為(同語反復の気味があるが)、無駄づかい、友だちへの献身、ブラブラ歩き回ること(それが長ければ放浪ということになる)、つまらぬことに立腹すること等々である。

これらのことをやっているとき（まだ死んだことはないが、頭の中では何度も空想してきた。そう、僕はかつて「30歳で死ぬ」公言狂だったのだ）ふとバカらしいという言葉が口から知らず知らずもれこぼれると、僕はうれしくていつも有頂天になってしまう。本当にうれしさのあまりドタバタ（という形容がふさわしいかどうか考えてみたことがないが）踊り出してしまうことがある。それが母や弟に伝染して、きちがい家族のように踊り出すなんてことも昔はあった。それで思い出すのは阿波踊りだが、あのリズムを頭の中に思い浮かべるとたいていいつでも興奮してしまう。踊る女のひとたちの汗でじっとりとぬれたゆかたが目に浮かぶ。

阿波踊りは、司法修習生の頃だったか、四国旅行中に阿波池田で実際に見た。

これら二つのものの中間にあるときは、ある時はあとの意味でのバカらしさを感じ、またある時は前の意味でのバカらしさを感じることもある。

一番いい例が本に関係したことで、読書することとか、本屋に行く習慣とか、たどたどしい語学力で原書の文字を一つ一つ丹念に追ってみるとか、僕が手許に置いている何冊か、あるいは何十冊かの本を眺めるとかの類だ。どういうときにどういうバカらしさを感じるのか、状況がさまざまなのでまだはっきりとは分からないが、僕自身はとにかく敏感に感じとって、それに応じて身を処してきた。

僕の生活は昔からひどく単純だが、それでも日常的なことのうちではこの種の（前者か後者かハッキリしない）ものが一番多いかもしれない。それが僕をまるっきり皮肉な人間にしてしまうのを防止しているのかもしれないとごく曖昧にだが感じる。

バロメーター的判断のもとになる言葉が「バカらしい」であることが僕の性格を特徴づけている。僕が大学生だったころ、ほぼ同じような役割を担った言葉に「好きか嫌いか」という判断がある。これは主に対人関係で使用することが多かった。好きなひととはつきあう、嫌いな人とはつきあわない、つまり、ひとが本心どおりにつきあう人を決めるとすれば、これはごく当たり前の判断である。ただ、今ふりかえってみると、形としては「嫌いではないか」という形で提示されることが一番多かったと思う。好きで好きでたまらないというひとにめったに出会うことがなくて、好きということがどういうことなのかよく分からないということがあったからだという気もする。ちょうど何をしたいのか分からないのと同様、どういうひとが好きなのか分からなかった。

それは耳が悪いのと、今ほどよい補聴器をもっていなかったということから友達や知り合いをつくる気があってもなかなかうまくいかず、結果としてひととの接触が数量的に乏しかったということもあるだろう。

それと、僕の目が、自伝を何度も書いたりするほどに僕自身の方へと向いていたということもある。

ひとを気にする割にはひととの接触の少なさをあまり気にしなかった。それでも、「好きか」という形でよりは「嫌いではないか」という否定形で自らに問いかけたことが僕らしさの一面をあらわしているようにも思われるし、結果的には、僕が好きでも嫌いでもないひととでもつきあうということで視野を広げ、考え方を柔軟にするのに役立ったと思う。

女のひとの場合は、はじめてあったときにピーンとこないようなら、その後何度あってみたところで大してかわりないと思うが、男のひとの場合、少しずつ見えない部分が僕にも見えるようになってくるにしたがい、つきあってみてよかったと思ったことがある。そう言えば、たちまち数人の面影が浮かんでくる。

もちろん逆に、つきあわなくてもよかったと思うこともあるし、その方が多いだろうが、それはそれでまた益する面をもっている。

これと並んで、「面白いか」という判断もよく利用した。これは主に、ある本を読むか読まぬかを決める際に使用した基準である。これも、どちらかと言えば「面白くないものは読まない」という形であらわれたように思う。面白いと思った本はもちろんあるが、それはあくまで結果としては面白かったということであって、これから読もうか、読むまいかと決める段階では、面白くないと思わないものはとにかく目を通してみようという態度を堅持していた。これも、嫌いではないかどうか、というのと同じように、僕の知識がかたよったものにならぬよう（今かたよってはいないと保証はしないが）作用したと思う。

もっとも、この基準が適用された結果いろんな本を読みすぎて机の上に何冊もの本をつんどくことになって、僕の能力ではすべてをこなしきれず、そのどれも読まぬうちに支離滅裂になって、ついには1冊も読み切らぬうちにすべてを投げ出してしまうということさえこれまで何度も繰り返してきた。それはそれでいい面もないではない、とも思うが、僕が長い間ハッキリした意見を持つことがなかった理由のかなり大きな部分はこの習慣のためであろう。

何をきいても読んでも、どういう内容かは一応分かるが、そのどれについても深くは追究したこともなければ傾倒したこともないということになって、何となく八方美人めいた印象をひとに与えていたのかもしれない。

しかし今ではもう、この「面白いか」という基準は以前ほど重要な基準ではなくなった。それは前に言った、たんなるかわりものにはなりたくないし、そのつもりでもないということと対応しているようだ。ただたんに面白くてどれほどのことがあろうか。

同じことは「好き」ということについても言える。好きなものを好きだと言ってどれほどのことがあろうか。面白いことを求め、好きなことを追求するのは言ってみれば趣味にすぎない。よい趣味をもっているということは結構なことであるにはちがいないが、だからといって万事めでたしとなるとは僕には思えなくなってきた。なぜならそれは当たり前のことだからである。

最近の日記をふり返ってめくってみると、読後感に感動したとか、素晴らしいといった言葉が急に増えてきたのが分かる。筋肉の一部をビリビリッとふるわせるような局部的な刺激を与えてくれるものから、全身全霊をうちふるわせ、いわば僕全体を別世界に移しかえてくれるような強烈なショックを与えてくれるものへと興味が変遷していきつつあるのを感じる。

感動という言葉にはなにか熱っぽい狂気めいたものがこもっているようで、事実、沸騰するような気分のたかまりはある。しかし、これはあくまで感動するという言葉の一面にすぎない。これなしには感動したとは言い難いが、しかもなお、こういった面だけで感動という言葉をとらえるのは少なくとも僕の場合誤っている。

では感動という言葉に含まれるもう一つの重要な面は何かというと、それは、確かな手ごたえとでもいったもの、気分的には気味の悪くなるような落ち着きである。それはちょっと見ると死の静寂とも思わせるほどにじいっと動かない。心を扇動するものとはまったく逆の作用を及ぼす。そして、不思議なことに僕はこういう本なり文章を読んだとき、ああ僕は生きているのだなとハッキリと感じ取る。

もちろんこういう感動は本を読むときのみ起こるのではない。生身の人間にもこういう感動をひきおこさせるひとがいるし、動物、植物、事物、何にでも感動させられることがある。ただ、これまで、多分これも耳が不自由なことが影響してだと思うが、本によって感動することが比較的多かったというのにすぎない。

僕はもともと感動するなんてことは嫌いで、どうしようもなく襲いかかってくるこの感動というやつを意識的に避けていた。というのも、僕は何しろ狂信めいたものが大嫌いで、感動によって惹起された行為なんてものは信ずるに足りないものだとはっきり意識していたし、だからこそ、そういう感じになってしまうのを恥ずかしく思い、感情のない人間こそは最も立派な部類の人間にちがいないと考えていたからだ。

僕自身は生きていくのがつらいばかりによく泣いたが（しかもひとまえで堂々と）、そういう僕を見て同情したり、気に病んでくれたりするひとびとを内心深く軽蔑していた。泣いている最中から奥は冷静になりきって、涙のしたたり落ちるのを無感動に眺めた（といっても、もちろん目に見えるのではなく、肌で感じるのである）。

しかし、僕も遅ればせながら気づきはじめたのだった。僕が感動するということをひどく誤解していたことに、そして、それがため僕自身のうちにある底からの欲求を無理矢理自分の奥深くにとじこめていたことに。

具体的にどういう文章に感動するのかと考えてみると、内容が立派で共感できることは当然かもしれないが、同時に述べ方にも顕著な特色がある。

なんといっても飾りが少ない。ごく素朴で、正直率直な文章である。形容はしても形容詞は使わないとでもいった感じの形容。結局、言いたいことをズバリ大胆に言い切り、余分なところは大胆に切り捨てる。自己への裏付けのある自信がこういう文章を書かせるのだろう。

しかし、個々の行為については好き嫌いの類の判断はできても、たくさんの行為の複合である場合はさらに比較考量の手順がいる。例えば先に挙げた就職についても、いろいろな判断をはかりにかけてみるという過程を経ている。

働いてみたらまず仕事自体がつまらないかもしれない。仕事をやる過程でいやなこともどうしても我慢しなければならないかもしれない。自分だけでボーッとしておれる時間は当然減る。通常、その見返りとしていくらかのお金が入る。カネがあればあるほどいいというひともいるし、そうでないひともいる(僕も必要以上にもっていると煩わしいだけでいやになる)。仕事を通していろいろなひとにあって豊かな経験が得られるかもしれない。その他にもさまざまな便宜があるだろう。

他のひとの場合、どこで働くかということの判断にはこれらの要素の比較考量も含まれているだろうが、たいていは、まずなんとしても働かなければならないということ自体は当然のこととして振り返ることは少ないようにみえる。僕の場合はこういうこともすべて頭に入れて考えてみて、その結果、現在は特に定まった職をもっていないということになっているわけである。

もっとも、僕の場合はこういう細かい比較考量はほとんど無用だった。というのは、すぐにバカらしいという結論が出たからで、きっと様々な要素のうち特に重要な要素があって、それが働くということに対して否定的に働いたからだろう。そして、その要素というのは多分、とにかく自由でありたいという欲求だったのではないかと考えている。

前に僕が自分のことを正体不明のXだと言ったのは、別の意味で、すなわち実際上の生活でもまた当てはまる。自伝を書いた人間が言うのもおかしなことだが、僕は僕自身のことにあまり興味をひかれたためしがない。僕がどうなろうか知ったことかという意識がある。だから、先に挙げたいくつかの判断基準はどれも必要に迫られて考え出したものである。どちらかに決めねばならないということがまったくあまりにも多すぎるのではないかと僕はいつも感じてきたのだが、何かにぶつかるたびにあれこれあてどのない思案を繰り返すのはかえって面倒くさいので、あらかじめ基準を設定しておこうとして半ば自然発生的に生まれてきたものなのである。だから、これらの判断基準は一見するとあまりにも主観的で、あまりにも感情面に重きを置きすぎているように見えるかもしれないし、実際、ただ流されるままに動いてきたのと大差はない。いわばすべてが偶然であり、すべてがあちらまかせだといっても大きな誤りはない。どんなに遠回りしようがたいして気にならない習性はこのようにしてできあがったのだった。

ところが、これらの自然発生的な諸基準は、実は自分の望んだものであったのだということを知ったのはそう昔のことではない。ご推察いただけると思うが、受動的ということの意味についてひとつの結論を出したときにそう知ったのである。

流されるようにやっていくというのは実は僕なりの政策だった。体のどの部分が思考した結果生まれ出たものか知らぬが、流されるようにして流れていこうという方式を編み出したのは、余人ではない僕なのだ。僕が僕に興味を持っていないというのもたんなるポーズではないが、やはり僕のうちの何かがそうしろと命じたのである。

僕が、僕を含め、また自我というものを含め、すべてのものごとは結局分からないということを知っているにもかかわらず、僕のうちでこうでなければならぬと命じるものがあって、その声には僕は逆らいようがないのである。まったくどうしようもない。その声の出所がどこにあるのか僕は知らないが、今までのところそのありかを探索しようという気になったことはなく僕のうちに他人として存在している。

僕と僕のうちにいるその他人（といいながらも、人間らしくない点をいくつも備えている）とがうまく歩調を合わせれば、その他人を他人として、つまり僕からはみ出す何かとして感じることなくすむのかもしれない。体重が何キログラム増える程度のこととして納得できるのかもしれない。

そのことは自伝にも書いたし、詩にもしてみた。「そいつ」と呼び、「夢」と呼び、僕の主人のように扱ってきた。

僕が興味をひかれてきたのは「僕の哲学」ではないという側面を述べるにあたってこのことにはふれなかったけれども、実は僕自身のうちですでに、たとえ僕がどのように僕自身のことに熱中しようとも、ついには「僕の哲学」には至り着けないということを自動的に保証しているものがあるということである。

こういう人間をもって分裂気質と定義するのはたやすいことだ。事実、近親に幾人かの分裂症と思われるひともいるし、僕自身あるいは分裂症にかかるかもしれないと覚悟はしていた。だがハッキリ言っておこう、僕は現在分裂症ではないし、分裂気質という一片の言葉で片づけられるのも正しくないと考えている。

なぜかと言えば、僕自身はきわめて堅固な統一体で、分裂気質とは言われぬひとたちよりももっと手堅く支離滅裂になるのを防止できる十分な自信があるからである。しかも、もともと社交性は十分もっていて、ひととの間に隔たりを置かない点はむしろ躁鬱気質に近いとも言えよう。

だいたいが、あの心理学というのはバカらしい学問で信ずるに足りない。心理学者の中に時折すばらしい人物がいるが、それは心理学とは関係なしに、そのひと自身がすばらしい人間であるというにほかならない。そういうバカらしい心理学の所産である性格類型なんてものもまた知っていようが知っていまいが益も害もないどうでもいいものである。どうせいいものは皆例外となるような類型というものはもともとがバカらしいものであることを証明しているようなものだ。つまりは肝腎の問題点にズバリふれるものを持っていないということだ。

とにかく、僕のこの構造について言っておきたいことは、これまでのところ僕は主人ではなく、「そいつ」の防壁にすぎなかったということだ。僕が責任感を必要以上と思われるぐらいにもっていることも、こっけいなぐらい律儀な面のあることも、あくまでよごれなき純潔の意識を保持しているのも、また逆にひどく無責任で、冷酷残虐でさえあり、この身を顧みずにむちゃくちゃ暴走することがあるのも、すべて「そいつ」との関係次第できまるのであって、この関係ということを考慮に入れさえすれば、僕ほどに一貫してある一つのことをなしてきた人間はごく稀である。転向ということは僕の意識ではあり得ず、それにもかかわらず僕は常に変化している。

自分のうちに他人を住まわせている人間が一体どのくらいいるのか僕は知らない。そういうひとが確かにいるのは知っていて、そういうひとの中にこそ僕が友と感ずるひともいるし、そういうひととの間では以心伝心ということが本当にあるのだと信じている。

しかし、「僕の哲学」が「そいつ」の命令体系であるからといって、それが特殊なものだとは思わない。それどころか「僕の哲学」は誰の哲学でもあり得るとさえ考えている。

その理由を以下に述べてみよう。

ただの防壁に甘んじてきた僕自身はかわりもんだといつも言われる。ほとんどのひとからそう言われる。さらに非常識だとも、現実的でないとも、ただ面白いだけで夢みたいなことばかり言う子どもみたいなひとだとも言われる。

僕自身はあくまでそうとは思わないし、そう思われるのであればそれで一向に構わないと思っている。

だいたい、個人がそれぞれ独自の存在だと口がすっぱくなるぐらいに強調するひとに限って特にこういうことを言うのだからおかしなことだと思う。そういうひとたちがどういうつもりで個人なんて言葉を使っているのか、さっぱり理解できない。きっとバカのひとつおぼえの類に相違あるまいと僕としては考えざるを得ない。

こういうことを時に口に出して言うと、重ねてかわりもんだと言われ、非常識だと言われ、単純だと言われるが、本当にどうだっていいのである。

これまでに僕に与えられた命令、つまりどうでもよくないことがかなりたまっている。それはこれから少しずつ述べていくことになるだろう。ところが、命令の出場所が1カ所なのだから、自ずからそれらしい特徴がある。そして、その特徴を防壁たる僕が吟味してみると、僕でなければできないようなことが一つもないのに気づくのである。その気になってやろうと思えば誰にでもできる。それを一般的な形で述べてみれば、結局「僕の哲学」の定理とでも言うべきものになるのである。

しかし、これを文字の形にすることはできない。この命令は言葉の形で伝達されないからだ。一つの雰囲気であり、一つの音である。この点においてこの命令は音楽に似ている。

しかし、形にならぬからといってこの命令が曖昧だとは言えない。太陽の光がいかなる化学的変化によって生ずるのかを知らなくてもやはり太陽の光を感じることができるし、化学的変化の知識を得たからといって太陽の光がこれまでと異なって見えたり、感じられたりすることはないのと同じことである。この命令が僕を動かすに足るだけの力を持っているという事実は太陽の光の存在と同じぐらい明らかである。

だが、形がないということから、それを実際の行動なり態度なりに反映させるためには、それを解釈し、象徴化する作業が必要になる。

こういう状況だからこそこれまで僕が生きてきた道がある意味できわめて曖昧模糊としているのだし、本当は何をやりたいのかも分からないということになる。そして、ひょっとして僕がその命令を正確にききとれなくて、誤解に誤解を重ねてきたというのもまんざら可能性のないことではない。

確かに誤解することはあったと僕は知っている。しかし、それとともに修正する力が働くのもまた知っている。むしろそういうときにこそこの命令はより明確な形で作用するということを何度も経験してきた。僕がいかにムホンを起こそうとしても、いつでもそれを上回るだけの力が作用する。忘れようとするとふとご託宣がおりる。まったくどうしようもない。ただきいて従うあるのみだ。

こういう訳だから、定理なんてものはあるにしてもまだまだ僕には分からない。一生分からないかもしれない。もともと定理の形にならないのが定理なのかもしれない。にもかかわらず今こうやって書いているということで一つの力が働いているわけだから、仕方がない、防壁としての僕の全責任において書いていくしかないのである。

さて、「僕の哲学」は誰にでも可能なものである（それは今後述べていくことによって自ずから分かるはずだ）が、僕がかわりもん呼ばわりされていることから推して「僕の哲学」は誰もが信奉しているものではないと判断できる。「僕の哲学」を信奉していないひとたちに向かって「僕の哲学」をぶっつけるとするなら、それはどういう意味を持っているかを考えてみよう。

ひとは誰でも一定の信条体系のもとに生きている。それが結局は何も分からないのだというあの星の保証を経たものであるのか、そうでないかは別として、とにかく一定の信条体系のもとに生きている。なぜなら、生きるというのはたとえ寝ころんではいても一つの動作であり、何かをなす（あるいは何かをしない）のには一定の動機なり意味づけなりがいるからである（これは星の保証とは関係がない）。

つまり、簡単に言い換えれば、生きるということは一つの態度なのだから、態度のうちにこもったおもいというものがあるということだ。それがたとえば「考えないで生きる」でも、「ただ生きる」

でも立派な一つのおもいなのである。ここに例示した二つのおもいはかつて僕自身経験したことがある。

おもいとは関係なしに、ただ事実にしたがって、あるいは真実にしたがって生きるというのもまた一つのおもいなのである。それは星の保証を考慮してはじめて分かる。事実も真実も、たんなる事実、たんなる真実というものはなく、事実だとおもい、真実だとおもうものがあるという、たかだかそれだけのことにすぎない。真実に生きることが人間を上等にするのではない。ただそういうものを信じてしか生きていけないということである。したがって、すべての生き方は信仰であり、生きていけるということはその信仰のおかげである。

星の保証を経たあとで生きることもまた一種の信仰にはちがいない。ただそれは、ウソと知りながら信じるという点で異なっている。信じたいから信じるのだと言いながら、実は信じざるを得ないのだということを知っているのである。

僕は「僕の哲学」を他人にも信じてほしいとは思わない。教祖のごとき風貌は僕にはどうもしっくりしない。

にもかかわらず今こうして書いているものの読者を僕は欲している。それを疑ったことはない。疑ったことがないほどに明らかなことであるにもかかわらず、僕にはそれがなぜなのかハッキリと分からなかった。謙虚に反省して、たんなる自己顕示にすぎないと自分に納得させようと何度も努力してみたが答えはいつも否である。

この問題を他人とのかかわりあいという見地で見れば、広い意味での社会と僕との関係というふうにとらえることができる。先に人間自身がつくり出した諸問題について僕がこれまでに得た認識を述べたが、あれと僕自身とはどうつながるのかということでもある。

自伝的にふりかえってみれば、この問題はごく簡単にけりがつく。すなわち、僕はあくまで僕なりにやろうとしてきた。他の誰のためでもなく生きてきたというにつきる。僕が周囲とかかわりをもつ限りにおいて僕の問題としておもい、考えてきたし、そのかかわりが狭いものだったとは決して思わないけれど、なんといっても僕にとって関心のないことは存在しないも同然だったのである。僕はたんなる知識というものはなんの役にも立たぬどころか有害なものだと信じてきた。

前に述べたようにひととのかかわりあいも形は受動的で、特に十代の間は奴隷的でさえあったけれども、やはり僕は僕なりに僕自身のうちなるものをゆっくりと、だが確実に育て上げてきたのである。どんなにいためつけられようが平然としておれるだけのものが僕のうちに育っていくのをずっと感じてきた。自分で問題にするに足りぬと信じたことはあくまで無視できるだけの強さを育てあげてきた。

しかし、同時にまたいつも感じてきたことがある。

簡単に言えば、僕は僕ひとりきりが幸せになっても決して幸せにはならぬということである。たしかに僕は社会主義関係の本はかなり読んできた方だと思うが、僕の抱く感じはこれとはかなり肌合いを異にする。社会主義体制というものが仮にこの祖国に打ち立てられるならばそれも結構だろうとは思うが、それで僕が満足できるだろうとは思われない。

僕自身は体制を壊していく動乱の方にむしろ興味があるので、もしその方面のことにくみする機会があれば、もっぱら壊す仕事を分担させてもらいたいものだと、半ば冗談で友人に言うこともある。

僕の求めているのは仲間なのだと思う。友なのだと思う。

女のひととの生理的な差違、ひいて出てくるさまざまな違いを十分のみこんでいるつもりでいながらつい女のひとにもこの仲間的なものを求めてしまうことがあって、そのたびに僕は苦い汁を飲まされてきた。現実につきあった女のひとの女らしさというものにはちょっとついていけないものがあり、そういう意味で、僕はあえて女嫌いの一人だとは思うが、でもまだ女のひとと仲間的なものを共有できる可能性をまったく捨て去ってしまったわけではない。

まあ、まだ若い、ということなのかもしれず、そういわれることに別に反対はしない。

他方男はどうかというと、どうやら男性的という形容詞は徐々に過去のものとなりつつあるという感が深い。悲しむべきことだが、歴史の全過程は女性化だと極言しても大きなあやまちはないぐらいだから、無理もないとは言えよう。

男性的というもの、この博物館入りしつつあるらしい代物こそ僕の最も僕らしい部分を端的に表現していると僕自身は考えているのだが、男性的という属性の一つに孤独も含まれるのではないかと思う。

各々があまりにも違うということがいやというほどよく分かる。一方でそのことを喜び、ひとりつきりの喜びを感じながらも、他方であふれるばかりの余った力が仲間を求めてさまよい歩く。きっといるにちがいない友を求めてアンテナを差し出し、耳をすませる。ひょっとしたら入ってくるかもしれぬ交信の電波を胸をおどらせて待ち続けている。

その通り、僕は選ばれた読者を求めているのである。

そのひとが現に生きているのか、あるいは、いまだ生まれざるものであるかは大して重要なことではない。肝腎なことは、彼らと交信できるということこの一事につきる。そして、それを保証してくれるのがまさに僕自身の声に誠実に書いたということである。

僕があくまで出発点を僕自身におくことはこれまでと少しもかわりないが、出発点というものの意味するものに微妙な変化があらわれはじめている。それは次第に小さな点となりつつある。

それは僕のうちにおける力の増大に対応しているのだと僕は今考えている。

30にもならぬうちから星の保証を経過してしまうことが好ましいことなのかどうか、僕に分かるわけがない。

ただ確言できることは、僕は僕に必要だと思われること以外何もしなかったということである。目を四方八方にクルクルまわしてつまらぬセンサクをしたり、むなしい期待を持ったりはしなかった。

そして、そのようにして生きてきた僕に、未来という言葉がやっと、本当にやっとという感じだが、身にしみて感じられるようになった。

これから述べていくことは「僕の哲学」であると同時に、「僕の未来」への一歩でもあるのだ。

まだまだ電波の射程距離は短いかもしれないが、それは僕が自分で歩いてきたということに対する名誉ある証拠になりこそすれ、決して恥ずべきことではないとよく知っている。

僕は僕の求めるべきものをよく知っている。

しかもそれは求めずして手に入るものだということもよく知っている。

その事実が僕を生き生きと躍動させる。

そして、その躍動の喜びをともに感じることのできるひとたちこそ僕の仲間であり、友なのだと繰り返し言っておこう。

彼らにはシルシがある。

まったく間違えようのないハッキリとしたシルシがある。

そういう人たちとの交わりは、星を見るのと同じ性質のおもいをわきおこさせる。

歩き続ける。

これが2本足の人間のなすべきことなのである。

＊

以上が「哲学・第1部」から写したものである。

第3章　初めてのラテンアメリカ一人旅・その1──中米

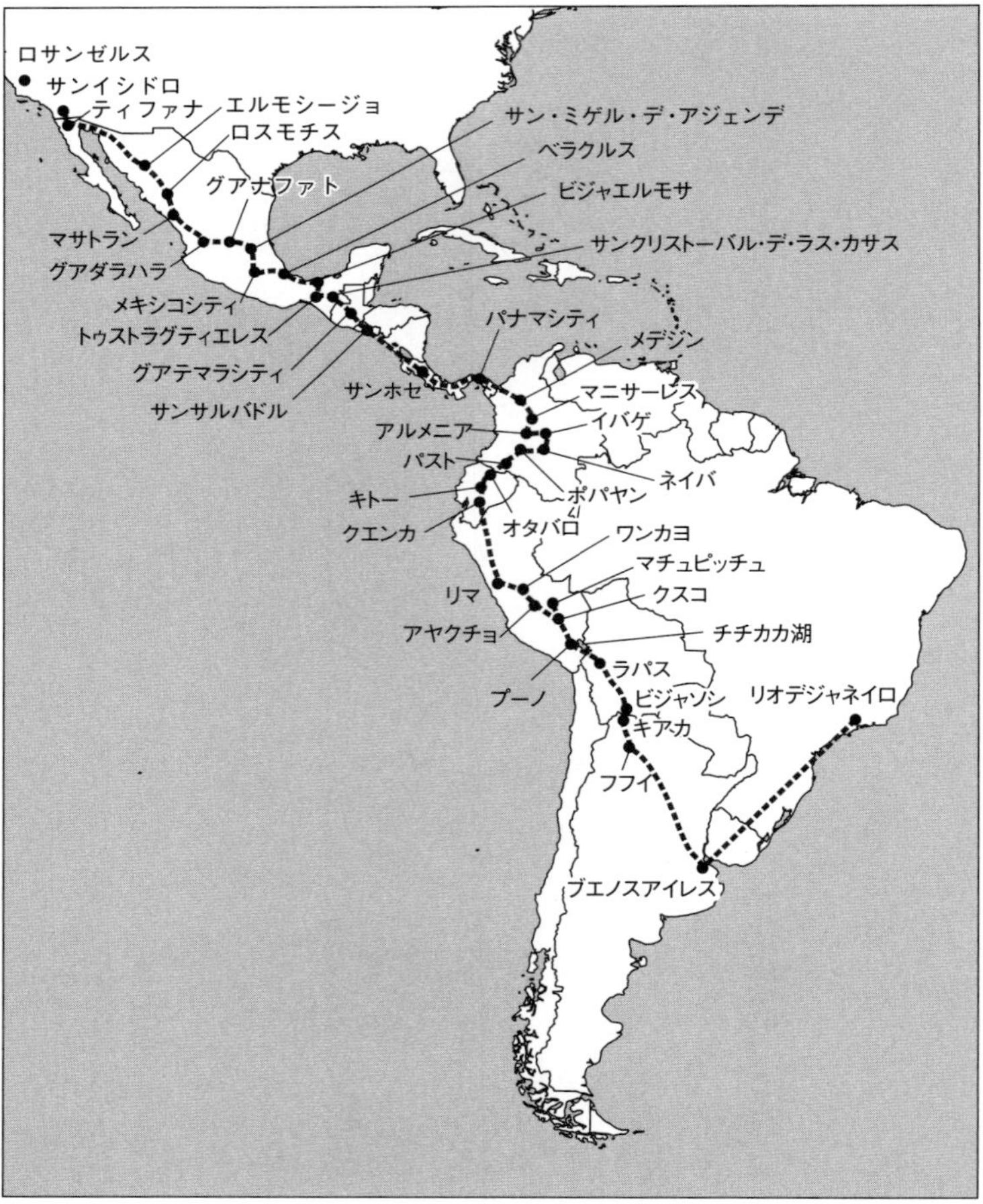
ロサンゼルス
サンイシドロ
ティファナ
エルモシージョ
ロスモチス
サン・ミゲル・デ・アジェンデ
ベラクルス
グアナファト
ビジャエルモサ
マサトラン
サンクリストーバル・デ・ラス・カサス
グアダラハラ
メキシコシティ
トゥストラグティエレス
グアテマラシティ
サンサルバドル
パナマシティ
サンホセ
メデジン
マニサーレス
アルメニア
イバゲ
パスト
ネイバ
キトー
ポパヤン
クエンカ
オタバロ
ワンカヨ
マチュピッチュ
リマ
クスコ
アヤクチョ
チチカカ湖
ラパス
プーノ
ビジャソン
リオデジャネイロ
キアカ
フフイ
ブエノスアイレス

ユーラシア横断旅行から帰って、興味にまかせていろいろな外国語を勉強していたが、徐々にスペイン語に絞っていった。どうしてスペイン語なのかというと、スペイン語は母音が日本語と同じなのである。だから日本語が聞き取れるならスペイン語も聞き取れるはずなのである。それで3年間ほどＮＨＫ講座等でスペイン語を勉強してからメキシコに入ってみたら、確かに人々の話が聞き取れて、大感激だった。

ただ旅行するだけなら、最初から全然困らなかったが、もっといろんな話ができるようになりたくて、これから述べるように、チャンスがあればできるだけ現地の人と話した。ラテンアメリカはブラジルをのぞくと大体スペイン語である。言葉が一緒だからという理由だけではないが、たとえば、メキシコでチリの人に会うということが実際に起こる。人々が非常に動いている。そういう旅行者というか移動している人々と結構友達になって、一緒に旅行した。泊まる場所も、ホテルよりは下宿のようなところにできるだけ泊まった。友達ができると、旅行者が通常は行かない場所にも連れて行ってもらえた。むしろ困った事態というのを積極的に歓迎していた。そういう状況になれば、いやでも必死にしゃべらざるを得なくなる。

ただ、旅行だけだとどうしても限界はあった。それで、スペイン語の本を読みながら旅をしていた。スペイン語以外の、たとえば英語で書かれた本のスペイン語訳を意識的に読んだ。最初からスペイン語で書かれた本よりはずっと読みやすい。アガサ・クリスティの推理小説とか、どこでも売っているものを読んだ。スペイン語の漫画も売っていたのだが、翻訳物に比べると知らない単語が多く、難しかった。
旅費については、友人の弁護士が、司法書士試験の通信講座テキストと、添削問題並びに解答・解説執筆のバイトを持ってきてくれてから、旅行が現実味を持って考えられるようになった。テキストと問題作成でそれぞれ60万円もらった。この原稿作成作業を出発直前までやっていた。

パスポートをみると私は1978年11月20日に成田から出国している。まずハワイで降りて、そこで入国手続きをした。別室に連れていかれて、いろいろ質問された。尋問が長引いて、航空会社の人がもう時間がないからと言いに来てやっと終わった。米国に働きに行くんじゃないか、と疑われたのだろう。結果的には、1カ月間の入国許可がもらえたので、十分だった。

夜ロサンゼルスに着いて、空港からバスターミナルまでも大変不安だった。果たしてホテルに落ち着けるんだろうかと、今考えると根拠のないヘンな心配をしていた。胃袋がチーンと引きつっていた。

モンテーニュの『エセー』を持ってきて、「死んでもいい」旅だったはずなのに、そういうことは忘れてしまって、「心配しすぎて死んじゃった」みたいなことになるんじゃないかと、われながらあきれた。

ロサンゼルスでどのホテルに泊まったのか記憶がないのだが、ちゃんとホテルに落ち着いてみると、今度は帰りの切符のこと、両替のこと、と次々に考えて寝付けない。これも今考えると、時差ボケで、寝付けないのは当たり前なのだったのだが。

眠れずに、早朝から頭がさえているので、緊張病に対処すべく、ホテルで日記とは別にノートを書き出した。1978年11月21日だった。

とにかく早くメキシコに入りたいという気持ちで、2泊後の23日の夕方にバスで国境のサンイシドロに着いて、歩いて国境を渡った。メキシコ側のティファナに入って、バスターミナルに歩いていった。田舎バスの発着場みたいなところだった。

あらかじめ考えていた通り、バスで南下しながらメキシコシティまで行くことにして、エルモシージョという町までの切符を買った。エルモーソ（hermoso）というのが美しいという意味なので、何となくいい町じゃないかと思って決めた。

切符を買うときに、スペイン語はちゃんと通じた。スナックを立ち食いしたりするうちに、バスが来て、出発した。

メキシコに入ったらすぐに気持ちは落ち着いた。米国と比べてすごくゆったりしているように感じた。何というか、人があたたかく、話せる感じがした。実際、バスで隣に座ったおじさんともまあまあの会話ができた。同じバスに、ロサンゼルスからの帰りだという大学生がいて、話しかけてきた。

エルモシージョには翌朝着いた。大学生もここで降りて、泊まったホテルの前まで一緒に来てくれた。この日の夜8時に会おうということになった。これはすっぽぬかされて、大学生は来なかった。約束が守られないということはその後随分経験した。簡単に約束して、そして忘れてしまうようである。

エルモシージョで、ガブリエル・ガルシア・マルケスの『*La mala hora*（悪い時）』という本を買った。本は高い。

また、短波も入るラジオを持ってきていたが、かなりよくききとれた。そうすると、聴力は相当よかったものと思われる。

一人旅を始めてすぐに感じたのは、旅をするためにはそんなに言葉は要らないし、だいたい決まった言葉を使うだけなので、意識的に勉強を続けないとスペイン語の力は伸びないということである。私が心がけたのは、現地の新聞を読むようにすることと、あと、フォトノベラといって、青少年用の小冊子がどこでも売られていて、会話がたくさん入っているので、これを読むようにした。

11月25日の新聞の第1面に大きな写真が載っていて、どこかで見た顔だと思ったら昭和天皇が訪日中のロペス大統領と乾杯しているところだった。

時差ボケは抜けず、3日連続で、昼間に6時間寝た。しかし、だんだん夜も眠れるようになってきた。つまり、夜も昼も寝ていた。緊張していたためか、下痢もしていたのだが、それも止まって、元気が回復してきた。

エルモシージョの後ロスモチスという町に着いて、この町は気に入らなかったので、1泊だけして、さらに南のマサトランに4泊した。4泊したのは、道の角で曲がってきた車とぶつかって倒れ、一瞬だと思うが気絶してしまったので、その後大丈夫かどうか確かめるためもあったのだが、町が気に入ったためでもあった。ビーチがあって、そして、南国らしく夜も人通りが多かった。潮のにおいがした。どの女もきれいに見えた。

町の構造がだいたいどこも同じようだということも分かってきた。バス旅行者としては、バスターミナルとメルカード（市場）、そして中央公園のあるセントロの位置関係をおさえれば大丈夫である。ちょっと長くいたいときは市場のそばが便利である。ガイドブックに載っていないホテルにばかり泊まっていた。

マサトランからグアダラハラに行った。グアダラハラはメキシコ第二の大都市である。途中バスはテピックという町で停まったが、その前後から急に暑くなった。うっとうしい顔は減って、陽気でふざけているみたいな感じの人が多くなった。テピックではインディオらしい人を何人も見かけたが、うち1人は子どもを背負った女性で、とてもはつらつとした感じだった。女が強いところなんだろう、という気がした。このイメージはその後もかわらない。

だんだん、町の様子とかも見る余裕が出てきた。グアダラハラに着いて、一番感じたのは、すごく現代的な部分と昔のままのところがごちゃ混ぜになっていることである。それから歯医者と薬局が多い。

グアダラハラに2泊後、グアナファトに行った。独立運動の口火をきった町で、観光地になっている。

この町にはミイラ博物館がある。特別なことをしないでも、土壌が鉱物質なのと気候が乾燥したのとでミイラになるのだそうである。骸骨人形はメキシコではよく売られている。今、インターネットで検索してみたらたくさんヒットした。死者の日ってあるんですね。そういえば、沖縄には死者の正月がある。

鶴見俊輔氏は1972年9月はじめから翌年6月末まで、講義のためにメキシコに滞在された際の見聞をまとめて「グアダルーペの聖母―メキシコ・ノート―」を書かれた。『鶴見俊輔集―11外からのまなざし』(筑摩書房、1991年)に収録されている。この本でも11月1日、2日の死者の日のことが取り上げられている(182頁以下)。これはカトリック教会が信仰を守って死んだ人々をしのぶ日として決めたものだが、この祭りがメキシコに来るとヨーロッパのカトリック教徒とは自ずから違ったものとなった。

メキシコの諸文化において死はそれほど恐れられていないし、死者の残したしゃれこうべや骨もいとわしいものとは思われていない。死と生はきわだって違うものとは考えられず、生そのものが、死が別の姿で動いている形だという人生観さえメキシコ人の間にはあった。

死者の記念をすることは、メキシコ人にとって、しめやかな行事であるとともに、騒々しい愉快な行事でもあった。さまざまな大きさの骸骨が祭りに持ち出された。幼くして死んだ子の墓の守りをするのにしゃれこうべや骸骨の形をした砂糖菓子を作って持っていってやるようになった。骸骨は、政治的風刺にも使われた。革命家も、革命される側も骸骨であるのは、自分たちもまた滅びるものであり、相手と同じく間違いを犯しやすいものであることを思い出させるためであろうか。

192頁に「革命的骸骨」という、1910年かその直後のポサダの作が出ている。

グアナファトも2泊で切り上げて、もっと東の方に位置しているサン・ミゲル・デ・アジェンデに行った。メキシコシティの北にあり、バスで4時間ほどのところである。

メキシコには、1等のバスと2等のバスとの区別があり、ローカル線だからなのだろう、2等のバスで行ったら、バスターミナルではなく道路の真ん中で降ろされた。

それで、仕方なくセントロに向かって歩いていたら「下宿」(casa de huespedes) の看板がかかっているところがあったので、そこに泊まることに決めて、結局6泊した。

広い中庭があって、その周囲に部屋とか共同トイレ、シャワーとかあるのだが、ひんぱんに人が出入りする。何かと思ったら風呂屋を兼ねているのだった。奥の方に五つ並んだのがそれで、風呂といってもシャワー室である。

宿の主人の、自称4歳の女の子と2歳の男の子がだんだん私に接近してきて、私の部屋に出入りするようになった。女の子はお友達も連れてくるようになって、騒々しかった。私のノートに落書きされた跡が残っている。最初は、スペイン語の勉強になると思って歓迎して、子どもたちを相手に、家族関係とか、とにかくいろいろ質問したりしていたのだが、子どもたちのしつこさにはたまげてしまった。

この町は教会が中心になった町なのだが、芸術の町といわれているそうで、美術学校がたくさんあるほか、美術を学ぶために滞在する外国人のためのスペイン語の学校もある。私も落ち着いてちゃんと勉強してみようかなと思って、気持ちが固まったらまたこの町に来ようと考えていた。

犬が多い町でもあった。それもバカでかい犬が多い。レストランで食べていると、のこのこ入ってくる。パンでも肉でも何でも食べる。狂犬病の予防接種済みの鑑札らしいものをつけた犬がいるので、それ以外は野良犬なんだろう。多くの犬がいるということは食べものも安くて豊富ということだと思う。

実際何でも安かった。物価が安くて、落ち着いた町ならば動かなくてもいいんじゃないか。スペイン語の勉強はどこでもできるからである。当時は起きてから昼頃まではマルケスの作品を音読していた。とにかく口を動かすようにしていた。分からない単語は大きな手帳に控えていたらしい。つまり手帳も持っていたんですね。

人の気質もじめじめしたところが全然なくてあっけらかんとしている。これは実に快かった。そして皆さん堂々としていた。宿を掃除していたおじいさんは主人と血がつながった家族かと思ったら、子どもたちにきいたところそうではなく、雇い人だった。

だんだん子どもがうるさく感じられるようになってきた。踏ん切りをつけてメキシコシティに出ようかと思い始めたが、腰が据わってしまったのか、動くのが面倒くさくなっていた。まあ南米まで行くということは目標としてあったが、同じぐらいの比重でスペイン語を勉強するというのもあったので、あまりせかせかしなかった。結局動いたのは12月13日だった。

6泊というのは、人によっては長いというほどではないかもしれないが、今の私としてはビックリするに足る長さだ。

メキシコシティでは、モンテカルロホテルに泊まった。『地球の歩き方』の地図には今もこのホテルが載っている。市の中心に当たるソカロ（中央広場）から歩いていける。見たところ大きな立派なホテルだったが、ここが一番安いホテルといわれていた。泊まってみたら日本人が4人ほど泊まっていて、うち1人はロサンゼルスで顔見知りだった。

メキシコシティには4泊して、この先の旅程で必要なことをした。

航空券を二つ買った。一つは、エルサルバドルのサンサルバドルからコスタリカのサンホセまでで、これは、途中のニカラグアが当時危ない状況で、バスも走っているのかどうか危ぶまれる状態だったので、パスすることにした（ニカラグアとホンジュラスをパスしたことがいつも記憶に引っかかっていたので、2012年の3月、メキシコのあとニカラグアに飛んで、国際バスでグアテマラまで行くことに決めたのである）。

もう一つはパナマシティからコロンビアのメデジンまでで、58ドル相当である。当時メキシコでは、航空券はペソで支払うこととなっていたので、その分トラベラーズチェックを両替した。パナマ大使館では即日ビザがもらえた。これは全く意外だった。その際、300ドルあるかどうか見せなさい、と言われたので、現金とトラベラーズチェックを見せるとビックリしていた。

本屋もあって、エドムンド・デスノエス『*Memorias del subdesarrollo*（低開発の記憶）』を見つけて思わず興奮した。この本は小田実氏が『いやし難い記憶』という題で訳されたものが出ている（筑摩書房、1972年）。キューバ危機のあと、たくさんの人が米国に亡命した。しかし、キューバにとどまって残ることを選択した人もいて、デスノエスもその1人であった。小平市立図書館でたまたま見つけて読んだ本だが、非常に面白い本で、今も忘れがたい。

だいたい2日ほどで用事は片づいた。ソカロの前ではおばさんから道をきかれた。何度も通って知っているところだったので連れていってあげた。

町の中ではナップザックを胸の前にぶら下げた人が目につく。それから、座っても脚を組まない人が多い。バスや地下鉄の中で脚を組んでいる人は全然見かけなかった。

次に行くところは、最初はオアハカと考えていたのだが、オアハカの魅力というのはインディオが多いということで、それならこれからいずれ南下してグアテマラに入るので、むしろ熱帯的な町といわれているベラクルスにいってみようと思った。

ところがこの切符がなかなか取れない状態なのである。クリスマスが近づいたからではないだろうか。当時メキシコ湾岸で油田がみつかったとかで、その関係かもしれない。

モンテカルロにいた日本人のうち2人はメキシコなどでガイドをやっている人だった。うち1人は1年以上もメキシコだけでなく中米全域でガイドをやっていて、大変面白い話をきけた。彼の意見では、オアハカの方がずっといい、ベラクルスで時間をつぶすよりユカタン半島に行った方がいいとのことで、今考えるともっともな意見である。

彼は、メキシコ人については見かけ倒しのマッチョで、張り子のトラで、だらしないし、自分のことしか考えないと散々で、メキシコ人はいかにも嫌いだという感じだった。あと、下宿は新聞で探すんだと教えてくれたので注意するようになった。


12月17日の昼にバスターミナルに行って、午後3時過ぎにベラクルスに向かった。夜になって冷えてきたが、最後の1時間ぐらいは急に蒸し暑くなって、確かに熱帯の感じになった。つまり山を下りて海に出たわけである。

ベラクルスに着いて、バスターミナル周辺のホテルを本当に10以上探したのだが全部満員だった。バスターミナル近くのホテルの受付のおじさんが、どこも満員だと言い、おじさん宅なら物置があるからそこに泊めてあげてもいいという。その家はホテルの向かい側すぐのところだった。泊めてもらうことにした。

奥さんが物置の中を片づけて、横になれるようスペースを作ってくれた。そこに寝袋を敷いた。

寝袋の中にノミとか入られたらそれこそ一晩中眠れなくなるだろうと思って、最初は寝袋の蚊帳を締め切っていたのだが、あまりに蒸し暑いのでとうとう腰まで体を出した。しかし、何もいなかった。

翌18日の朝8時までよく眠れた。奥さんと話したら、ほがらかだし、彼女のスペイン語はよくききとれた。もう一晩いてもいいなと思っているところにおじさんが来たので、きいてみたら、ホテルは高いからここにいてもいいと言ってくれた。トイレとシャワーはおじさん宅の中のを自由に使ってよいそうだったが、物置の横にもトイレはあった。同じ敷地内に2軒借り家があって、おじさんが貸しているようだった。

昼前にバスターミナルに行ったら、1時間半ぐらいも並んだ。待っているうちに、どこに行こうかといろいろ考えて転々とした。とにかく暑くてたまらない。ユカタン半島では疲れそうで、グアテマラの方に向かうことに決めた。窓口でそのように言うと、ユカタン半島のつけ根のビジャエルモサまで行って、そこからトゥストラグティエレスに行きなさいとのことで、ビジャエルモサ行きの切符を買った。地図を見ると確かに一番回り道が少ないコースである。

夕方おじさんが物置に来て長話をしていった。また、借り家に住んでいるのはおじさんの親戚らしいが、子どもたちがたくさんいて、どの子もかわいらしかった。

19日にビジャエルモサに着いてみると、ここもまたホテルがなかった。結局この夜はバスターミナルに寝袋を敷いて寝た。若い日本人旅行者がいて、一緒に並んで寝た。われわれのほかに米国人の若者グループもいたし、その他にメキシコ人も結構たくさんいて、簡易宿泊所みたいな感じになっていた。宿がなければ、こうやってバスターミナルで寝ればいいんだなということが分かった。

20日の朝4時半頃、蚊に顔をちくりと刺されて起きた。床には蟻がたくさんはっていた。5時前には立ち上がったのだが、米国人グループは、慣れているのか、6時頃まで寝袋にくるまって寝ていて、壮観だった。

7時発のトゥストラグティエレス行きのバスに乗った。バスは山を登っていく。眠くて大部分うつらうつらしていたのだが、隣に座った男性が話しかけてきた。身分証明書を見せてくれたり、結婚して3人子どもがいるとか自己紹介のあと、日本の音楽ディスクを送ってくれないかと言ってきた。メキシコのバスってすぐこんなふうになりますね。これで住所交換したのは4人目。気楽に約束して気楽に忘れていけばいい。

バスは午後2時過ぎにトゥストラグティエレスに着いた。トゥストラグティエレスはグアテマラに接したチアパス州の州都である。

グアテマラはメキシコと違って白人との混血度が低いが、メキシコも南の方に来たらハッキリそんな感じにかわった。

チアパス州の住民の多くは貧しい農民である。人口のおよそ3分の1はマヤ系インディオで、現在でも地方住民の多くはスペイン語を話せないといい、州の住民の多くが栄養失調に苦しみ、その数はWikipediaによれば人口の40％以上と推測される。

チアパス州では、北米自由貿易協定（ＮＡＦＴＡ）が発効した１９９４年1月1日にサパティスタ国民解放軍が武装蜂起し、マヤ系インディオが生活するための空間を求めて反資本主義を掲げて自治運動を行っている。このことは日本でも報道され、私もずっと興味を持っていた。

私が行ったのは、そういうことが起こるだいぶん前である。

トゥストラグティエレスでのホテルを決めてから、レストランに行って定食を注文し、リンゴの味のソーダ水を飲んでいたら、子どもたちがテレビをみているのに気づき私もみてみた。おや日本人みたいだなと思っていたら九重佑三子が出てきた。ビックリした。きいてみると、メキシコの放送局が日本製の番組を流しているのだそうだ。

翌21日、サンクリストーバル・デ・ラス・カサスに行って、ここでクリスマスを迎えた。宿代が安くて、これまでの最低だった。

この町からグアテマラシティまで国際バスが出ている。着いた翌日にグアテマラのお金（ケツァル）を買った。両替を終わったら、次の番の外国人旅行者が、もう要らなくなったからとケツァルの小銭をくれた。ありがたい。ここでケツァルを買うことに気づいたのは上出来だった。

22日に、スペイン語の特訓というわけで、宿でデスノエスを読んでいたら、同じ宿に泊まっている若い女性がやって来て、薬を飲むために水を分けてくれないかと頼んできた。それをきっかけにして彼女と友達になった。

名前はルルというのだそうだ。あとの方のルにアクセントがある。きいてみると、19歳のベラクルスの大学生で人類学専攻だという。私が読んでいたデスノエスも知っていて、本好きらしい。ガブリエル・マルケスの『百年の孤独』や、『大佐に手紙は来ない』はもう読んだそうだ。

私が弁護士だというと、弱い者の味方なのかときいてきた。平等なのはいいことだよ、と答えたら、じゃ、マルキストなのかときいてきた。彼女はどうもマルキストらしいのである。結局、私もマルキストということになったみたいである。

彼女は途中で自分の部屋に戻り、本を3冊持って戻ってきた。英語の教本、それから社会学の教科書、そしてメキシコ独立戦争関係の本。

私が、そういうのではなく小説を教えてくれないかと頼んだら、八つほど紙に書いてくれた。その中にはメキシコシティでみかけたのもあった。

彼女が持ってきた本に男性の写真がはさんであり、やがてその男性もやってきた。彼は27歳で、文学専攻で、これから大学の先生になるんだとか。

彼らはこれから、もっと安い、すぐ前にある安宿に移動するところだった。

その後、クリスマスイブの24日の朝になってルルが来て、夜のクリスマスパーティに誘われた。午後4時にルルが私の部屋にやって来た。

私がトイレに行って帰ってみると、彼女は私のミカンを食べていた。こういうふうに遠慮しないで食べるのがメキシコ風なのかと思ってみていたら、彼女は泣きながら話し始めた。はじめは、泣いているのか笑っているのか区別がつかなくて、

「泣いてるの?」

ときいてみて初めて分かった。

何でも、彼女と同じ宿にいるドイツ人が彼女のことをデブの小娘に過ぎない、ほかのメキシコ女と同じように醜い、と言ったんだそうだ。

それだけでこんなに泣くのかと思いながら慰めていたら、身の上話をし始めた。

彼女のお母さんは死んでしまって、お父さんは後妻をめとったのだそうだ。後妻は4人子どもを産んだ。

その後妻が彼女を憎んで暴力を振るうし、お父さんも、後妻をもらうまでは彼女を愛してくれていたのに、再婚してからはかわってしまったそうで、20までしか面倒はみないと言ったのだそうだ。

そういうことがあって、彼女は家出してきた。パスポートをとってから、わずか15日目だそうだ。で、彼氏と一緒に旅に出た。彼はたくさんお金を持っているのだが、その彼がドイツ女と仲よくなっちゃったらしい。で、当然、彼は彼女の面倒をみてくれなくなった。

彼女は今5ペソしか持っていないのだそうで、しかも朝から何も食べていないというので、私が

パンやワインを出すと、彼女はたくさん食べ、そしてたくさん飲んだ。

しかし、歌を歌ったりして割と陽気なのだ。

もうこれからグアテマラに行くわけにはいかない。さりとてメキシコにいても行き場所がない。

私としては大学に戻るのが一番いいんじゃないかと思ったので、そう言った。しかし、戻ってもお金を払ってくれる人がいないらしい。

大学はベラクルスのそばのハラパという町にあるらしいのだが、そこまでのバス代と今年の学費合わせて65ドルぐらいだという。私からみると簡単に払える額なので、払ってあげましょうかと申し出てみたら、彼女は断った。

この話のあと、宿の中で、ホテルの管理人と掃除係の若い女性、それに宿の客2人が加わって、にぎやかにレコードをかけてビールを飲んでいたのだが、どういうわけだか管理人と客の1人がケンカし始めておしまいになった。

それで、ルルは一旦自分の宿に引きあげた。

掃除係の若い女性は、普通のメキシコの女性と同じように太っていてスタイルはそんなによくなかったが、顔は可愛らしかった。コミタンという国境近くの町の出身で、そこで両親は洋服屋をやっているそうである。ノートを読んでいるのを見かけたので、見せてもらったら物理学で、ベクトルのことが書かれていた。ビックリしてきいてみると、大学に入るために勉強しているのだそうで、テキストはあるのかときいたら、歴史と地理が混ざったような内容の本を1冊見せてくれた。日本の長崎の写真が載っていた。日本は、資本主義圏のポストインダストリアル社会に分類されていた。彼女は、何歳か分からないが、よーくみると子どもっぽいところも残っているので、10代だろう。

夜9時前になって、ルル及び喧嘩中の彼氏が一緒に私を誘いに来た。彼女は彼とは離れて私にくっついて歩くので、苦笑してしまった。

ソカロの角に行くと、ほとんど白人ばかり7〜8名が立って待っていた。ルルの彼氏がなんと言っても幹事格で、この人の案内でさらにちょっと歩いたところにあるレストランに入った。着くまではルルはドイツ人の女性と並んで歩いた。ドイツ人の女性はなかなかの美人だが、勝ち気そうである。

レストランの大きなテーブルの周りに座った。ノートにはその時の着席位置を図示してあるが、私とルル以外に全部で10人いた。ドイツ人の男女、フランス人女性、ベルギー人女性、メキシコ人の女性。その他は国籍が分からなかった。

あとになって、さらに3、4人やって来たが、その中にはチリ人の女性もいた。チリ人女性の恋人らしい男性がギターを弾いた。

このチリ人女性と話しているとき、チリの3Wというのが話題になった。Weather、Wine、Womanである。この三つがチリの自慢だそうだが、気候が自慢というのは、長い夏には連日青空が続き、寒流が岸を洗うので風もさわやかでとてもしのぎやすく、典型的な地中海性気候なのだそうである。この女性もきれいだった。

食べ物は各自注文したのだが、ルルの分を彼氏が払わないので私が払った。夜11時に閉店になってからも30分ぐらい騒いだので、一人ひとりがチップを払わなければならなくなった。

白人でスペイン語をしゃべれる人はひとりもいなかった。すべて英語である。なるほど私のスペイン語でもなかなかのものなんだな、ということがよく分かった次第である。ルルは大勢の中でみているとフラフラしているように見えて、本当にまだ子どもなんだな、と私は思った。

翌日にはルルは姿を消してしまったので、それっきりである。

私は12月26日朝、国境に向かった。同じホテルにいた人とコミタンまで一緒だった。デスノエスの本を見せると、面白そうというよりは深刻な顔をして読んでいた。ラテンアメリカってつながっていて、共通の関心事項がたくさんある。一番はゲバラだろう。

コミタンから国境までは、今度は白人が話しかけてきた。非常に流暢なスペイン語で、メキシコにはもう15回ぐらいも来たそうだ。パスポートから判断して米国人でないのは明らかだった。国境近くになったところで、これから風景ががらっと変わるよ、と教えてくれた。白い植物群が見えたが、これは綿花だそうだ。彼は『サウスアメリカンハンドブック』という、有名なガイドブックを持っていた。これがものすごく詳しいのである。メキシコシティで会った日本人のガイドもこの本を持っていた。私はこの本を、その後コスタリカのサンホセの本屋で買った。詳しいだけでなく、とても面白く、ユーモアもあった。いかにも英国の本だなという感じがした。コロンビアに入ってから田舎を困らずに旅できたのもこの本のおかげである。

国境の手続きは簡単だったたし、メキシコ側からグアテマラ側までバスに乗って移動したのでラクだった。

12月26日（火曜日）、サンクリストーバルからバスを乗り継いでグアテマラに入国した。入国手続きのパスポート検査のところで1ドル（25メキシコペソで払う）、荷物検査のところで1ドル（50ペソで払い、1ドルおつり）払う。荷物検査の時サンクリストーバルから持ってきたミカンは没収された。

グアテマラに入ってから行き先を決めるにあたっていろいろ迷った。同乗のドイツ人に、ケサルテナンゴに行くつもりだ、というと、彼は、あまりいい場所ではないがグアテマラシティにまっすぐ行くよりはいい、と言った。しかし、国境に待機していたバスはケサルテナンゴは通らずグアテマラシティに直行だそうだ。6Q（ケツァル）。当時1Q＝1米ドルだったようである。どちらでも使えた。国境から1時間20分ぐらい走って、ウエウエテナンゴでドイツ人など多くの外国人は降りた。午後2時に出発してから車掌に、グアテマラシティまであとどれぐらいなのか、ときくと、6時間だというので、夜8時に着くことになる。

バスは非常に速く、かつ快適で、一度荷物入れに収納した荷物がドタンと崩れてちょっと停車した他はほとんどノンストップで、夕方7時10分頃にグアテマラシティに着いた。もう暗くなっていた。グアテマラシティのあかりが見えてからずいぶんの時間走ったような気がしたが、この時のことは今も鮮明に記憶に残っている。盆地なので、遠くから街の灯りが見えた。小林旭の「さすらい」の「旅の灯りが　遠く遠く　うるむよ」（作詞・西沢爽）という唄の文句そのものである。心細かった。

グアテマラシティに着いてから、若い人にちょっと道をきいて、歩いて中心部の方に行った。そして、旅行記に書かれていたカサ・デ・ファミリアをさがしていった。目につきにくく、周辺を行ったり来たりしてやっと見つかった。はじめ1人部屋があるかときいたら隣のホテルに連れていかれたが、相部屋でもいい、といって、ファミリアを見せてもらった。通された部屋は4人部屋で、1人だけいたが（実は2人で、もう1人は寝ていた）、その人が非常にいい感じだったので、ここにしようと即決した。1日食事代込みで3Qで、1月2日までの8日分24Q。11Qしか持っていなかったので、20Qはドルで払った。ドルでもいいらしい。すぐに食事。周りにいた人が私を見て、ケタケタ笑う。

食後部屋に戻って、さっき会った人と話した。警察官だそうだ。警察官がファミリアの廊下を歩いているので食事の時ビックリしたが、つまり、ここは警察官の下宿になっているのだと分かった。他の同室者も全員警察官だそうだ。おかしくて、笑ってしまった。みんな19歳という。朝7時から12時間労働で、ちょうど皆さん帰ってきて夕食の時間だったわけである。

同室者にメキシコで買った本を見せたら熱心に読んでいたが、皆さんちょっとで就寝。翌朝6時にはみんな起きて、食事をし、仕事に出かけた。

27日(水曜日)は、午前中日本に手紙を出し、タンスに鍵をかけるために、先端が輪になったネジを2本買い、タンスに取りつける。それからTICAバス事務所に行く。グアテマラシティからエルサルバドルのサンサルバドルまでと、コスタリカのサンホセからパナマまでの切符を買った。あわせて17・8ドル。グアテマラは1月3日に発つことにした。私の記憶では、グアテマラには1カ月近くいたような気がしていたのだが、8泊しただけだったんですね。記憶はアテにならない。

午後3時過ぎ、下の皿洗い場に洗濯しにいった。皿を洗う水と洗濯する水が一緒なのである。石油なんかの大きなドラム缶三つに水をためて、それで水をまかなうのであるが、水は朝しか出ないようで、1回すすぎをしたところで水はないといわれてしまった。仕方がないので、絞って袋に入れてベッド下に置いておいた。これでは水洗便所も役立たずになるのが当たり前で、下宿には30人以上はいると思われたので、出たものが全然流れないでたまっていく。毎日こんなになるなら、水洗も不便きわまりない。シャワーの水が出ないのも同じである。水が必要な行為は朝のうちにすませないといけない。

ファミリアの部屋自体はよかった。特に私の部屋は同室者3人が全員警察官で、昼間はいなかったから、個室みたいなものだ。窓が大きくて明るかった。

ファミリアの食事もよかった。ちゃんと腹一杯になる。運動しないので、これで十分である。ただ、のどが渇くので、飲み物を用意して飲んだ。昼が一番豪華なようである。働いている人も帰ってきて食べますからね。昼はスープ、肉、カブのような野菜、トルティジャ、ジュースだった。朝は目玉焼きにジュースとパン。トルティジャは朝も夜もある。

夜遅くなって、同室の警察官が、今から洗濯ができると教えてくれた。それで、ついでに体も洗ってしまおうと思って水着に着替えた。洗濯はすませられたが、まだ水が十分にたまっていなかったので、頭に水をぶっかけるだけにした。そして水着のままで寝た。

28日(木曜日)は、朝8時に起きた。頭だけ洗ってすませるつもりだったが、ええいっ、ついでに体も、と思って、水着だけになって、ドラム缶があるところで水を2杯浴びた。いい気持ちだった。いつも首からぶら下げていたパスポートは、同室の警察官がいたので彼の首にかけた。みんながワッと笑った。女性の警察官もいたし、掃除専門の女性もいて、彼女たちが一番ほがらかに笑っていた。シャワー室まで水を持っていってそこで洗うのが本当なんでしょうが、私みたいにタンク横で水をぶっかけるだけの人もいた。私は見られていてもへっちゃらだった。

この日は、エルサルバドルの通貨、コロンを買うつもりで銀行に行った。メキシコからグアテマラに入るとき、あらかじめケツァルを持っていたらとてもよかったので、同じようにしようと考えた。国境越えのためなので、20ドルほど両替した。

29日(金曜日)、アンティグアに行ってきた。これはスペイン語でいう「時間を殺す」matar el tiempo というやつである。暇つぶし。ごく漠然とした記憶しか残っていない。

年末にファミリアに着けたのは幸運だった。3食込みで、上等ではないがおいしいし、量も満足できる。年末・年始にあるいは万一ということがあるかもしれない、と考えてケーキとリンゴを買っておいた。下宿している皆さんがどんどん帰郷して、最後はどれぐらいになるのか分からない。ケーキはパン代わりで、ボリュームがあった。あとは水があればいい。ワインは安いが、水っぽくておいしくない。

だんだんと下宿している警察官や、大学生が私の部屋に頻繁に来て、話していくようになった。28日の夕食の時に大学生が私の隣に来て座った。紙に、ファミリアの女性の管理人のことが書いてあった。ハポネスという単語があったので、私に関係したことのようだったが、よく分からなかった。食後彼は私の部屋に来て話した。日本のことについてあれこれ質問してきて、日本人と文通したいと言いだした。彼は英語はできないそうなので、じゃ、私がスペイン語で相手になろうということになった。それで住所を書いてもらうと、彼は実家の住所を書いた。貧乏で、下宿代が払えないため、31日でファミリアからは出ることになったという。彼の実家はファミリアから遠くなく、靴屋だそうである。

アンティグアに8年間いたという警察官は23歳だった。レオニエルさん。2歳の時から働いたという。7人きょうだいで、姉の1人はロサンゼルスに働きに行って、そのまま白人と結婚したそうだ。彼は私にグアテマラの印象についてあれこれきいてきた。私の一番の印象は、男女の距離が近いことである。町の中でもみんな、ツタがからみつくようにしてくっつき合っている感じ。彼の実家はゾーン12にあって、そこは色町なんだそうで、彼の実家もそういう商売をしているようだ。彼は他の警察官とは雰囲気が違っていた。グアテマラ大学で医学を勉強していたのを中退したのだという。兵役があって、4年間。長い。一度結婚したが別れ、4歳の息子は実家で両親が見ている。これからお姉さんのいるロスに行って、そこで働きたいということだった。

彼は空手の話を熱心にしていた。私も、当時毎日やっていたヨガのアーチのポーズや逆立ちなどして見せた。

29歳の警察官もやってきた。レオニエルさんとは全然違うタイプで物静か。この人も結婚していて、家族はティカル方面の国境近くに住んでいる。彼の話では、グアテマラでは奥さんは2人まで持てる、と。一つ屋根の下に2人の奥さんが住むのだという。それでカトリックなんだそうだ。とにかく男が強い社会なんですね。

同室の警察官は帰郷してしまって、最後に残ったコマラッパ (Comalapa) 出身の人が30日に帰郷して、翌日にはファミリアに戻ってくるそうだ。バス代が1・5Qだそうだが、1Qも持っていないというので、じゃ貸してあげましょうということになった。きいた話では、ファミリアで働いている人たちの給料は60Qで、うち食費が50Qぐらいだそうだから、みんな貧乏なんだなあ。彼女たちの間にもれっきとした階級があるそうだ。掃除をしにくる女性がつんとすましているのが面白くて、私は気に入ったが、彼女なんかは一番下っ端だそうである。ファミリアの中では管理人が一番上なのだとか。

31日(日曜日)は、ひとりでいた。レオニエルさんが、彼の実家で年を越そうといっていたのだが、空約束だったのか、タイミングが合わなかったのか、実現しなかった。七面鳥を食べて年を越すから、私もラジオを持ってきてくれと話していたので、ナップサックに荷物を詰めて準備していたのだが、彼は来なかった。がっかりだった。

夕方になって、市庁舎近くにマラソン大会のゴールがあって、人々が群がっていた。帰って一眠りし、夜になってテラスからのぞくと、ファミリアで働いている女性たちが入口のところに立って話していた。パン、パンという火薬が破裂する音がひんぱんにきこえていた。みんな浮き浮きしているようだった。

1979年1月1日（月曜日）、朝食に降りていっても誰もいなかった。かなり待たされたが、食事はできた。9時半頃に、コマラッパに帰郷したナーマン君が戻ってきた。米を蒸してつくったトルタをお土産にもらった。中には鶏肉が入っている。あっさりしていておいしかった。歯ざわりはくず餅みたいな感じだった。この味を今でもおぼえている。

昼食時には何名か女性の警察官がいた。そのうちの1人が私の部屋に来ていた警察官の1人の恋人だそうである。おおっぴらなもんですね。女性警察官の1人が私に、「私でよかったら」と言ってきたのには恐れ入った。その気にならなかったのでご遠慮申し上げた。ナーマン君は、この中に意中の彼女がいたようで、引きあげ際に、2階に上がる階段の上から下の方を眺めていた。

部屋に戻ったら、好きな人がいるとナーマン君がいうので、つられるようにして私も半ば冗談で、「私はつんとした掃除人の女性が好きだ」というと、簡単なことだと言って、ナーマン君は私が彼女に告げるべき文句を紙に書いた。彼女はリシアという名前だそうだ。どこで待ち合わせようかという段になって、物干し場でということになった。私は水浴してから、物干し場にいって、昼寝して待っていた。そこに、午前中も部屋に来たドミンゴという男が来て、私は万事冗談のつもりだったので、ことの顛末を彼に話したところ、5Qで彼が交渉してあげるというのである。事の成り行きで、私は彼に簡単にカネをわたしてしまった。本当にバカですね。

部屋に戻ると、ナーマン君ともう1人警察官がいて、ドミンゴというのは悪いやつで、警察に捕まったこともある札つきだというのである。なのに、ドミンゴは現在警察官であるというのも確からしい。ともかくそういうことなので、ドミンゴが部屋に戻ったときに、自分で交渉するから5Q返してくれというと、もう食事代に使ってないという。今はないけど返すとあっさりいって領収書を書いてくれたので、彼がドミンゴという名前だと分かったのである。今考えると5Qという、私にとっては少額でも彼らにとっては重いお金を簡単に出したのはよくなかった。

当然このことはすぐにみんなに知れわたってしまった。夕方、夕食にいったら、皆さんから注視されたので、それが分かった。皆さん真剣なまなざしだ。軽い気持ちでやるべきことではなかった。

2日（火曜日）、朝食に行くと、リシアは別に怒っている様子でもなかった。ただ、管理人の女性が私を好きになっている、と警察官の皆さんがいうのである。そんなにもてたのかな、と今読んで半信半疑であるが、それで、話がよけいにゴチャゴチャして面倒なことになった。私は管理人の好意にこたえるべく期待されていたらしいのだが、彼女には全然何の感情も持っていなかったので、彼女を怒らせてしまったみたいである。それで食事が回ってこなかったり、部屋の掃除をしてもらえないということが現に起こった。
この日、ツーリストカード取得のため、2度エクアドル領事館に行ったが閉まっていて、出発日である3日(水曜日)も午前中行ってみたが閉まっていた。同じ2階にある別の事務所できいてみたら同じビルの1階がガソリンスタンドで、その奥の方が机二つ分事務所ふうになっていて、そこだと言われた。半信半疑だったが、その通りだった。そこで確認した結果、ツーリストカードは不要で、パスポートがあればよく、出国チケットも要らないが、十分お金を持っていることが必要だそうである。

午前11時頃部屋に戻ると、隣の部屋では恋人2人がかなり騒々しくやっていた。12時にファミリアを出発した。管理人に「アディオス」、と元気よくいって肩をたたくと、彼女はネコみたいに笑った。そんなに長い期間ではなかったが、ファミリアに泊まったおかげでいろいろ経験できた。グアテマラに住みたいか、とか、また来たいか、とかと警察官の皆さんから何度もきかれた。ねちっこいところは私の神経に障った。ファミリアで警察官の皆さんと付き合っていたときは、何だ警察官か、と思っていたが、出発の前日にレオニエルさんからきいた話で、グアテマラでは警察官はエリートなのだと分かった。月給が200Qだかで300Qだかで、普通の人が80Qだから確かにいい。

2012年に再訪したときは、グアテマラシティは大変治安の悪い町になっていて、ゆっくり歩くこともままならなかった。

ファミリアから歩いて1分足らずのところにTICAバス事務所があった。午後1時発の予定が3時半になった。というのも、グアテマラに来るバスがそのまま折り返すのだが、それが遅れたためである。バス自体は非常によかった。国境通過の時は、サルバドレーニャ（サルバドル人の女性）が付き添うようについていてくれて、すごく気が楽だった。彼女はグアテマラに親戚がいて、その帰りだそうだった。

なお、このバスは途中ニカラグアを経由してパナマまで行くバスで、現にニカラグアまで行くという女性と並んで座った。したがって、このまま乗っていればニカラグアに入れたと思う。戦争中の国を見たいという気持ちもあり、ちょうど1974年にギリシャからトルコに入ったときのように、旅行者ならわりと簡単に通過できたかもしれない。

TICAバスは、運転手がパスポート手続きをまとめてやってくれるのですごく速い。他のバスよりあとに国境に着いて、そして先に出発した。それでもサンサルバドルに着いたのは夜の9時半になってからだった。

2012年にTICAバスでサンサルバドルに着いたときは、最初に行ったときと全然違う感じの場所だった。私の記憶では、最初の時はホテルのそばにものすごく広い大通りがあった。昼間はこの大通りにたくさんの人が来ていた。何をするでもなくブラブラ歩いているのである。多分仕事がなかったからではなかろうか。こんなに多くの人に仕事がないとなると大変だな、と思った。

人々の体格を見ての印象は、腹の出っ張った人が多い。しかも、スペイン風の太り方とは違って、ただお腹だけがバーンとふくらんでいる感じである。一種の栄養失調ではないかと思った。

私はサンサルバドルに3日から10日(水曜日)まで1週間滞在した。最初の3日間は毎日宿をかえている。三つ目のホテルは1泊5コロンだった。グアテマラで両替したら、20ドルで50コロンだったので、1ドルが2・5コロンである。

三つ目のホテルに、ホセさんという人が住んでいた。恋人と一緒で、あと、女の子も一緒だった。この女の子は多分恋人の連れ子ではないかと思われたが10歳、恋人は25歳ということだったから、そうだとすれば15歳の時に産んだ子ということになる。この女の子もお腹がふくれていた。ホセさんは機械工で、自動車の修理を仕事にしていた。仕事場の工場に連れていってもらって、見学もさせてもらった。工場主も歓迎してくれたことをおぼえている。ホセさんは働いていたのでお金は持っていて、中華料理屋でみんなで一緒に食べたり、映画を観にいったりした。

1月10日(水曜日)、8時過ぎにホテルをチェックアウトして、空港に向かう。バスは混んでいて無理なのでタクシーにした。

飛行機は10時20分発の予定だったが、ラクサ(LACSA)のカウンターに行ったらがらんとしていて人がおらず、きいたら15時30分発になったという。平気な顔でそういわれたので拍子抜けした。時間があるので荷物は預けてしまい、食事をするためにバスで市内に戻った。市内へ向かうバスで隣に座った若い女性と会話がはずんで、何と住所交換までした。大学生だそうで、頭が良さそうだった。

飛行機は予定通り飛び、16時40分にコスタリカのサンホセに着いた。機内では隣の席にエルサルバドル人の男性が座った。陽気でちゃかちゃかした人だった。サンヨーのカセットを持っていて、これをならしていた。買ったばかりだそう。私のライターをほしがった。飛行機内で出たサンドイッチのお盆と、ウイスキーを飲んだコップをアタッシュケースにしまっていた。彼は、前の席に座っていたコスタリカの女性に声をかけて振られたが、小型カメラを持っていて、降りるときにその女性をパッチリ撮って満足げだった。彼はイミグレの手続きの時にパスポートを見せてくれた。エルサルバドルとコロンビアの間を行ったり来たりしているようで、ニカラグアのスタンプも多かった。

確かに空港周辺は気取った人が多いが、空港の中を犬がのこのこ歩いていたりした。日本なんかとはだいぶん違う。機内でも、雲の間から下の景色が見えるたびに、大人も子どもみたいにわーっと窓に群がるし、とにかくにぎやか。

サンホセの空港は荷物検査も実に簡単だった。機内でワインを飲んだら力が入らなくなって、タクシーかなと思っていたら、ちょうど小型バスが来ていて、2コロンで市場の横まで行くことができた。そこからタクシーでTICAバス事務所に行く。4日後(日曜日)の座席しかとれなかったが、かえってホッとした。

コスタリカの第一印象は、穏やかだなということ。私を見るとたいていの人がニッコリする。白人が多く、かつ、背の高い人が多い。白人といっても、何かこう、ほんのりとあたたかみがあって、アングロサクソン系の白人とはだいぶん違い、親しみやすい感じがする。乞食がいない。

ホテルは、最初行ったところの1人部屋が30コロンと高かったので、その近くにもう一つあるといわれて行ったペンション・サラマンカのドミトリーにした。3人部屋が21コロン(1ドル＝8・6コロン)。那覇の自宅の書棚に1996年版*MEXICO & CENTRAL AMERICAN HANDBOOK*が置いてあったので地図を見てみたら、TICAバス事務所のすぐそばである。

夕食してきてから部屋に戻ると、私の部屋に誰か入った。坊主頭なので中国人かと思ったら、日本人だった。本物の坊さんだそうだ。彼はスペイン語が全然分からないというので、一緒にTICAバス事務所についていったが、もう事務所は閉まっていた。

11日(木曜日)、朝、日本人2人と部屋でだいぶん話した。同じ部屋に日本人がもう1人泊まっていたのだと思うが、記憶がハッキリしない。

それから町に出た。レーマン(Lehmann)書店に行くと、メキシコシティ以来ずっとほしいと思っていた『*SOUTH AMERICAN HANDBOOK*』があった。目を疑った。157コロン(約20ドル)。銀行で両替してきて買った。実に嬉しかった。

本を買ったあと、旅行社でパナマ－メデジン間の切符の値段をきいた。91ドルという。高いのでやめてホテルに戻った(パナマからメデジンまでの切符はすでにメキシコシティで買って持っていたが、コロンビアからの出国チケットを持っていなかった)。

坊さんでない方の人が日本人を連れてきていた。ヨーロッパから米国に飛んで、それから南下してきたそうだ。ガイドブックなんかなしで、行き当たりばったり動いているようだった。メキシコのアカプルコで持ち物を全部2人組の強盗に盗られたのだという。したがって荷物もなし。この人が夕方までいた。エルサルバドルからコスタリカに出る船を探して悪戦苦闘したらしい。出る、出るといわれてあっちこっち行ったがとうとう出なくて、マナグアまでローカルバスで行ったが、危険があるので飛行機（54ドル）でサンホセに来たそうである。私と一緒のバスでパナマに向かうそうで、とても嬉しかった。この人を連れてきた日本人も一緒に3人で中華料理店に行って食べた。

坊さんでない方の同室の日本人は、この日の夜10時のバスで、パナマ中部のダビッドに向けて出発した。

その後、夜の10時半になって、新客がわれわれの部屋に入った。ニカラグアから避難してきたのだそうで、すごく怖い思いをしたらしい。彼のお母さんは先にもうサンホセに来ていて、明日彼を車で迎えにくるのだという。われわれの前の部屋にもやはりニカラグアから逃げてきた青年とその祖母とが入った。こうやって避難してきた人たちを現に見て、やっぱりニカラグアをパスして正解だったと思った。

12日（金曜日）、前夜ニカラグアから逃げてきた人がコロンを持っていなかったので、私が朝食をおごった。

前日話した日本人はロンドンの日本大使館できいて、コロンビアに入国する際にコロンビアからの出国チケットは要らないといわれたと話していた。しかし、私が持っているガイドブックにはどれにも出国チケットが必要と書いてある。ここのコロンビア大使館で確認するのが一番いいと思い、行ってみた。近かった。ちょっと待ってから質問すると、絶対に要りますということだった。一番エコノミックな方法は、コロンビアのカリとエクアドルのキトー間の切符を買うことだ、と。そして、切符はここでよりパナマで買った方が安いとも教えてくれた。まあキャンセルすることになる切符なので、高かろうが安かろうが大した違いはないが、キャンセルしますという意図が見え見えのような切符を買うのは私の趣味にあまり合わなかった。仕方ないことだが。

昼食もニカラグアから逃げてきた人と一緒に食べて、おごった。話がいろいろきけたのでよかった。

私は、この日はサンホセのまちを歩いていた。本屋で西西辞典を買った。15コロンだから2ドル弱。スペイン語の用法辞典というか、例文つきの辞書がほしくて探していた。

サンホセは表向きは清潔な町で、自動車もちゃんとしたものばかりだし、落ちているタバコの吸い殻を見てもまだだいぶん残っているのが多い。本屋でも、本を直接手にとって見ることができる。50コロンとか100コロンとかの大きな額の紙幣もひんぱんに見かけた。農業国で、主な輸出品はコーヒー、バナナ、肉、砂糖、ココアである。アメリカの庭園と呼ばれているらしいが、風景が平面的で、絵はがきを見ているみたいである。軍隊のいない国で、人々の顔も、まあよくいえば平和だが、間延びしたような感じで、私の好みの顔は少ない。私にはちょっと退屈だった。

夕方坊さんが酔っぱらって帰ってきて、寝ていたが、夜になって出発した。TICAバスは、パナマシティまでの便は満員だが、ダビッドまでなら空席があるのでそれにしたそうである。坊さんは、昨日の朝まではほがらかで、愉快だったが、外から帰ってきたらむっつり病にかかってしまったようで、だんまりを押し通していた。挨拶なんかするどころじゃなくて、寝るか、背を向けて座っているかのどちらかになってしまった。何かショックなことでもあったのか、それとも、もともとうつ病なのか。坊さんがねえ。

私は、セントラルアメリカは首都だけでスピーディに動いて、危ないといわれていたコロンビアの田舎をゆっくり回りたいと考えていた。そう考えていたときにちょうど『*SOUTH AMERICAN HANDBOOK*』(以下ハンドブックと略す)が手に入ったわけである。この本の詳しさは実に驚くばかりで、例えば、コロンビアに入国するのに舟を使えば2ドルで行けるなんて書かれていた。もっとも、最低5日分の食料を自分で用意すべしと書いてあるので、楽な行き方かどうかは疑わしい。

12日の夜寝てからふと目がさめると、空いていたベッドに人が入ったようである。ベッドは二つとも空いていたはずだが、そのうち一つのベッドに2人の人がいるようだった。男と女。なるほどね、と思ってそのまま、また寝た。

13日(土曜日)の朝洗面に立つと、ベッドは二つとも埋まっていた。男と女。しかし、あとでホテルの受付からきいた話では、この2人は兄妹で、そして、前夜男性と一緒に寝ていた女性は、男性が連れ込んだ売春婦だということだった。

人の出入りが激しいので荷物管理をちゃんとしたいと思って、1人部屋にかえてほしいとホテルの受付に要望したが、2人部屋しか空いておらず、その部屋もすでに1人入っていたが、荷物が、お医者さんのカバンのようなちゃんとしたものだったので、大丈夫だろうと判断した。

昼間はまちを歩いていた。翌日パナマに向けて出発なので、夕方から荷物整理をした。パナマの税関は厳しいので有名だった。没収される可能性のあるものとして私が考えたのはラジオ、補聴器、デスノエスの本、薬等。補聴器以外は没収されても構わないと思った。あとはずっとハンドブックを読んでいた。全然退屈しないのはいいが、読み過ぎて疲れる。同室者は結局帰ってこなかったので、個室と同じだった。

14日(日曜日)、同乗の日本人と一緒に、朝10時にTICAバスでパナマに向かう。このバスは遅れるほど都合がいいんだが、と思っていた。というのは、予定通りだと、パナマシティに午前2時に着いてしまうのである。

コスタリカでは途中ずっと丘のような風景が続いた。

夕方5時半に国境に着いた。7時半から8時頃にかけてパナマへの入国手続きをした。荷物検査は大丈夫だった。

パナマシティには朝4時に着いた。それまで寝ていて、ハッと気がついたときにはもう着いていた。同乗の日本人と一緒に歩いてペンションさがしを始めた。通りにあかりがあり、かつ人通りもあり、危険は感じなかった。

ペンションナショナルに決めた。2人で5ドル。窓はなし。すぐに水浴びして同じベッドの上で並んで寝た。暑いので、上からコートを掛けるだけで十分だった。

15日(月曜日)、朝8時半に目がさめた。われわれは2階だったが、3階に女性がたくさんいる。ははあ、3階が売春婦のすみかなのか、と納得がいった。

15日は、日本人氏と一緒に歩いたが、パナマの人って総じてよく笑う。パナマの地図を買って、それを見ながら歩いていたら、ドブのような穴にストンと落ちてしまった。突っかけが脱げないように注意して足をあげたら、周りにいたパナマ人たちが笑い出した。昼食の時、日本人氏がウズラ豆に砂糖をかけたら、この時もパナマ人は大笑いした。

コロンビアからの出国チケットはメデジンからパナマまでのCOPA(パナマ航空)のエアチケットと決めてCOPAの事務所で買った。58ドル。というのは、これならパナマからメデジンに着いて、メデジンでキャンセルできる。

ペンションの部屋は、2階から3階に移った。移ったときは非常に無防備に見えた。窓に鍵がなく、もし入ろうと思えば簡単に入れる。ドアの鍵の下にこぶし大の穴が空いているし、鍵用の留め金もぐらぐらしている。でも移ってから、部屋が明るいのでとても気に入った。部屋代は5ドルから4ドルに落ちた。理由は3階のほうが暑いためらしい。ホテルの向かいのアパート風の家の中がまるみえだった。夕方になるとベランダにずらりと人が並んで、夕涼みしている。これが面白い。

部屋にあかりがついている間は、ベッドに寝ている人もまるみえである。床にビニールが敷いてあるのもよかった。これだと、畳と同じ感じで使える。私はビニールのうえに寝袋をおいてその上で寝た。ぐっすり眠れた。

ここでは、危ないということで、時計はポケットに入れていたため、時間のだいたいの見当すらつかなくなった。コスタリカより1時間時刻が早くなったのも影響している。

気温がどれくらいなのかよく分からないが、とにかく湿っぽいのでじっとしていても汗が出る。不快といえば不快だが、水をがぶ飲みしないようにすれば汗も少なくなるのではないかと思った。水はジャージャーいつでもよく出るし、かついくら飲んでも大丈夫というので、パナマに着いてからとにかくたくさん飲んだ。しかし小便は少なめだから、それだけ汗になって出るのだろう。

16日(火曜日)、昼前まで日本人氏に、アクセントの位置とか、スペイン語の基礎を教えてから朝ご飯を食べに出た。オレンジを買って帰ろうというところでリュックを背負った日本人が通る。コスタリカで同室になり、最初に発った人だった。疲れ切った顔である。誘うと、彼はわれわれの部屋に来ることに同意した。本当は、彼は、この夜グアヤキルに発つ予定だったらしいが、われわれの話をきいて、われわれと同じようにすることに変更した。部屋には追加料金なしで入れることになったので、1人あたり3分の4ドルになった。

こういうわけで、日本人と一緒に動くことになって、17日(水曜日)は一日中だべっていた。これはこれで楽しいが、私としてはひとりのほうがもっと楽しいと思った。というのは、私は教えるより教わるのが好きなタイプなのに、一緒にいてもこれといって得るところがないからである。ただ、パナマまで一緒に来た日本人氏とは、多分動くテンポが似ているからと思うが、一緒にいて快かった。この人となら、コロンビアの国内も一緒に動けそうだと思っていた。でも、予感していた通り、私は結局ひとりになった。制約があるのはタチにあわない。メデジンで航空券をキャンセルすると、それはコロンビアのペソで戻ってくるそうなので、それを私なりに使って動きたいと思った。

第4章　初めてのラテンアメリカ一人旅・その2——南米

左からKさん、英国人旅行者、筆者
(1979年2月25日、ペルー・アヤクチョの広場にて写真屋さん撮影)

1月18日（木曜日）、午後1時前にチェックアウトして、タクシーでパナマの空港に行き、予定通り15時30分発のCOPAでコロンビアのメデジンに16時40分に着いた。

入国手続きは万事スムーズで、用意した出国チケットの検査もなければ荷物検査もごく形式的なものだった。ちょっと心配だった両替は、COPAのカウンターでやってくれた。1ドル＝37ペソだった。バスでセントロに向かう。

日本人3人に、カナダのケベックから来た人が加わってホテルさがしをした。これはまったくカナダ人のペースになって、私だったらここでいいと思うようなホテルは素通りして、ハンドブックに載っているホテル・プリンシピエに行く（確認してみたが、1997年版には載っていない）。2人部屋が80ペソ、1人あたり40ペソとなっていたので、他のところが1人100ペソ前後なのと比べると格段に安い。ところが、ホテル側がいうには、1人40ペソというのは間違いで、80ペソだ、と。かなり交渉したが、ホテル側は折れず、払わないなら出ていってもらうというので、ここに決める。私は受付の青年の態度が気に入った。

19日（金曜日）は、飛行機の出国チケットキャンセルから始めた。COPAの住所を電話帳で調べてから3人で出かけた。通りといってもいろいろあり、calleとcarreraの区別がハッキリしなくて、ずいぶん手間どった。1時間あまりさがし歩いてやっと着いた。キャンセル自体はすぐにできたが、現金は11時半に受け取りに来てくださいという。その間、朝食（チキンサンド）、地図探しをし、絵はがきを買った。

COPAでは小切手でくれたので、すぐに指定された銀行に行くと、午前11時半から午後2時まで昼休みで閉まっていた。われわれの所持金は、私が20ペソ、パナマから一緒に来た人はハスミさんという名前だと今ノートを読んで分かったが、私と同じくらい、あとから加わった人はすっかからかんで、そして3人とも疲れたので、大きな建物の下、というのがどんなところだったのかまったく記憶がないが、そこで座って休んだ。私はハンドブックのコロンビアのところを読んでいた。読んでいるうちに、これからのコロンビアでの動き方がほぼ決まった。

小切手を現金にしてからホテルに向かうと、何と5分で着いた。ビルの下で休んだのがバカみたいである。

夕方、ハスミさんではない方の日本人がキトーに早く行きたいとのことで、バス会社さがしに出かける。カナダ人はFlota Magdalena社のバスをすでに予約しているとのことで、この人についていくとすぐに分かった。キトーまでの直行バスはなく、この日本人は明朝8時発のカリまでの切符を買った。

20日(土曜日)、食事は市場に行って食べた。ゆっくり昼寝し、あとはハスミさんとおしゃべりしたり、モンテーニュを読んだりしていた。

21日(日曜日)にまずハスミさんがマニサーレスに向かって出発した。私は1人部屋に移った。そして、荷物をできるだけ軽くして整理した。コロンビアは治安が悪いことで有名で、たくさん持っていてもどうせ盗られてしまうであろうと思って、必要不可欠なものに限った。でも、本は捨てきれず、結局あまり軽くならなかったように記憶している。捨てることにしたものは、ホテルに出入りしていた売春婦の女性たちにみんなあげた。彼女たちは大変喜んでくれて、お返しにタダでやってもいいわよ、と言われたが、幸か不幸か、その気になるような人は全然いなかった。

22日(月曜日)の朝出発して、私もハスミさんと同じくマニサーレスに向けて出発した。

あらかじめコロンビア内での移動経路を書いておくと、メデジン→マニサーレス(2泊)→アルメニア(2泊)→イバゲ(4泊)→ネイバ(2泊)→ポパヤン(3泊)→パスト(5泊)→国境越えしてエクアドルのオタバロへ。コロンビアからエクアドルへの一般的なルートは、メデジンからカリを経てキトーへ至る、いわゆるパンアメリカンハイウェーである。私はカリをを避けて、メデジンから山道のコースを南下しようと考えたわけである。ポパヤンでパンアメリカンハイウェーに出る。

マニサーレスへのバスは朝8時半に出発して、夕方5時過ぎに着いた。山道に入って、山また山、すごい景色の連続だった。川はドブ色。かなりの山奥にも人が住んでいる。聖母マリアの像をあちこちで見かけた。かわいらしいし、清潔感がある。舗装した道が少なくて、土ぼこりもすごかった。窓枠が土ぼこりで埋まる。マニサーレスに着いてからバスの横腹に入れてあったリュックを取り出すと、ほこりだらけになっていた。

ホテルに着いてから大きな疲れを感じたので、ちょっと落ち着こうと思って2泊することにした。バスに揺られたせいもあるかもしれないし、高原の町(2150m)であるせいかもしれない。久しぶりにひとりで動いたので、精神的な緊張もあったと思う。

23日（火曜日）、銀行で50ドル両替した。マニサーレスは比較的大きな町だが、それでもドルを両替してくれる銀行はそんなにない。これから小さい町で苦労するのではないかと思い、まとめて両替してしまった。気分的にもその方がゆったりする。ただ、両替してみたら、ペソの札束は相当かさばった。カネはなければないで困るし、あればあるで処置に困るとスタンダールが言っているそうだ。

24日（水曜日）、起きたら元気が回復していたので出発することにして、10時45分発のバスでアルメニアに向かい、13時45分に着いた。所要ちょうど3時間で、近い。バスはカーレース並みにぶっ飛ばした。アルメニアはマニサーレスと比べて生活レベルががたんと落ちて、乞食が目についた。レストランで夕食しているときにスープの肉を残したら、乞食の少年が入ってきて、残った肉を手づかみにして出ていったのにはビックリした。

夜になったら停電が5回ぐらいもあった。ホテルの若主人が、内鍵をちゃんと閉めて寝るようにと注意しに来た。やっぱり強盗が出るのかなあと緊張した。

25日（木曜日）、イバゲに行くには3000m級の山道を越えることになるので、もう1泊して、体を休めることにした。空に雲が多く、天気が心配だったこともある。宿代をもう1泊分払ったら、ホテルのおかみさんはほくほく顔になった。

アルメニアは美人が多かった。肌の色は白から黒までいろいろあるが、白人の女性が多いようである。白人の男性は少ない。なぜだろうかと思った。それから、毛深い女性が多く、どう見てもひげにしか見えない毛を口元にはやした女性をしばしば見かけた。

2晩いたら気持ちがのびのびして、調子が出てきた。食事にちょっと難があって、レストランで出てくる食事は量が多くて胃が疲れる。日本人にちょうどいい量の食事がない。内容も、概して肉とデンプンが過剰で、野菜が少ない。野菜と果物を意識的にとらないといけないなと思った。当時ヨガをやっていた関係で、食べ過ぎるとすぐに吐いてしまうのが習慣みたいになっていた。

26日(金曜日)、午前11時発のバスで出発して、午後2時半にイバゲに着いた。アルメニアとイバゲ間の山道 (Qindio Pass) はすごいところだとハンドブックに書いてあった。動物が出るのと、霧がかかるのとで危険だ、と。この本は実に正確なので、内心びくびくものだったが、バスの揺れからすればメデジンからマニサーレスまでの方がすごかった。ただ、ハンドブックでは、「夜は」と断ってあることを明記しておこう。この日も山頂付近はひどい霧だった。トラックの事故も1件見た。われわれの乗ったバスも故障した。バスはカリからボゴタに行く上等なプルマンバスだったのだが、バネがどうにかなったようである。

バスでは、アルメニアで乗る前に知り合いになった中年の男の人と一番後の席に並んで座った。セールスマンのようで、イバゲに住んでいるそうだ。バスの中では話さなかったが、一緒に降りたら、ついてこいという仕草をする。しかし、自分の家に行くみたいじゃない。しょっちゅう人に道を尋ねるのだ。はじめは私のためにホテルをさがしてくれているのかと思った。かなり歩いて市場に出た。ひとりだったらリュックをかついでこんなところまで来ることはなかっただろう。彼が休もうというので、カフェテリアに入る。ビールはダメと言ったのにビールが来た。仕方ないので飲むと、うまかった。酔ってしまって顔が赤くなり、恥ずかしい。しかし、足もとはしっかりしている。飲んでまたあとを歩くと、すぐにVelotaxというバス会社に着く。彼は切符を買いに行き、切符の行き先を示して、ここに俺の家があるというのである。なんだそういうことだったのか。じゃ、私はホテルに行きますから、と言って別れた。

目前に安宿が見えたが、入る気にならなかったので、タバコを1本ゆっくり吸ってから市場の裏に回る。Residensias Los Angelesという看板が見えた。ちょっと上等みたいだが、足もとがだんだんおぼつかなくなってきたので、こんな時に荷物を盗まれちゃかなわないと思って入った。2階の部屋に通された。窓が中庭に向かって開いているためちょっと暗いが、きれいである。いくらときいたら、50ペソだそうだ。これまで、メデジンが80ペソ、他はすべて100ペソだったので、何でこんなに安いんですかという愚問を発したらおかみさんが変な顔をした。こんなに安いなら4日ぐらいはおれるな、と思った。宿帳の職業欄にabogado（弁護士）と書いたら、態度が変わったみたいである。

ハンドブックによれば、この町にはmistelaというローカルドリンクがあるそうだ。また、有名な音楽家が生まれた町らしい。こんなことは私にはあまり関係がないが、とにかくハンドブックがなければこの町にも来なかっただろうことは確実だ。この本には運命的に出会った。ちょっと運命を信じてもいい気になった。私の愛読書になるかもしれないと思った。実際その後、版がかわるたびに何冊も買うことになった。記述にユーモアがあって、時々大笑いする。

このイバゲという町の名前は「ゲ」のところにアクセントがある。イバリとゲップが重なったような感じがする。ボゴタも似た感じだ。これも最後の「タ」にアクセントがある。濁音が濁った感じで聞こえないような、そんな感性を持っているんだろうか。スペインでは「リャ」となる音が、ラテンアメリカでは「ジャ」となる。ハッキリと発音しやすいのは確かだ。アルメニアなんて名前よりイバゲの方がおぼえやすい。実際、宿帳にどこから来たのか書くときアルメニアと思い出すのにちょっと時間がかかった。

イバゲのまちを歩いてみた。荷馬車が走っている。夕食が30ペソで、万事安いらしい。有り難い。追加の両替をせずにすみそうだ。次の予定地のネイバまでは、Flota Magdalena 社のバスが直行便を走らせている。便もいっぱいあるらしい。ホテルからすぐのところに事務所がある。

「ポストボン」という飲み物がアルメニアで6ペソだったのがここでは4ペソ。山の向こう側はオレンジ味のものばかりだったが、こちらではリンゴ味のものが目立つ。バスに乗ったとき手提げにポストボンを入れていた。バスの中で通路にちょろちょろ液体が流れ出したので、ポストボンがこぼれたのかと思ったらそうではなかった。右前の男性が幼児を下のほうに置いて支えている。おしっこだった。わあ、手提げが濡れちゃう。バスに酔う人はかなりいて、この日も含めて吐くのを2度見た。

コロンビアに入ってスペイン語の力が落ちたように感じたが、これはしゃべるテンポが速いからだろう。早口が多い。コロンビアのスペイン語が分かれば一人前だなあと思う。

建物の色は、ペンキの種類が多くないのだろう、壁の色はだいたい決まっている。濁った緑と桃色が多い。緑と桃色の組み合わせが、ここではよく似合う。

27日(土曜日)、市場にはいろんなものがある。皮バンドを買った。イバゲでは革製品が安くて、品物もよいということをハンドブックで知った。値段をきいたら100ペソというので、90でどうかというと簡単にOKしてくれた。太いバンドで、留め金は二つついている。今まで使ってきたバンドがちぎれそうになっていたので、どこかで買おうと思っていた。

市場にある食堂はメニューの種類が豊富で、いつも違うものが食べられる。サラダは下痢をするかもしれないが、味はよかった。

この日の午後はホテルの夫婦の子どもたちがみんなやって来て、私の持ち物を総ざらい見ていった。長男が17か18歳。次男が15歳。三男が10歳。四男が1歳4カ月。次男と三男の間に、14歳の長女。父親は34歳でタクシーの運転手をしているそうだ。母親、つまりホテルのおかみさんはもっと若いそうだ。母親に日本の小銭をあげたのがキッカケで子どもたちがみんなやって来たのだった。外国の小銭とか絵葉書などあげていたらスッカラカンになった。すごい好奇心である。このホテルに来た日本人は私が初めてだそうだ。ハンドブックに載っていないので、外国人には知られていないのだろう。15歳の次男は寝袋が珍しいようで、それを頭からかぶって、踊る仕草をした。

夜になったら、長男が、ホテル前に住んでいるきょうだい2人とやって来て、一緒に散歩に行こうという。町の真ん中の方に歩いていった。最初は玉突き場。私はここで生まれて初めて玉突きをした。それから、バーに行って、ビールを2杯。うまかった。薄暗い店で、商売の女性がいた。バーから出て、イモを衣で包んで揚げたおつまみを食べる。一つでもう満腹で、二つ目はちょうどやってきた乞食にあげた。他の人たちは三つも四つも食べていた。立派な食いっぷりだなあと感心する。

長男の友人の家がホテルの真ん前なので、そこに誘われて入った。コロンビアの普通の家の中を初めて見ることができた。テレビがあって、ちょうど政治討論会をやっていた。妹3人、妹の恋人などがいた。ティント(コーヒーのことらしい)をもらってからホテルに引きあげた。長男は夜も私の部屋に来ていた。

28日(日曜日)、昨日ホテルの子どもたちとずっと付き合って、へたばるかなあと思ったらそうでもなかった。

この日は午後、みんなで川に泳ぎに行くということで、私も一緒に行った。午後2時に貸し切りのミニバスで出発。2時間近く走って川に着いた。浅い川だったが、流れは結構速かった。流れに逆らって泳ぐと、いつまでも同じところを泳いでいることになる。一緒に食べさせてもらった混ぜご飯はおいしかった。帰る途中まず教会に寄って、無事だったことを感謝した。私も形ばかりの十字を切った。教会があった町でパチンコ球くらいの球のボーリングでポーカーをやっているのを見た。それから、ミニバスはマンゴーの木が生えているところで停まり、マンゴーの実を皆さん袋いっぱい詰め込んだ。マンゴーはグアテマラでも食べたが、すっぱかった。ここのマンゴーはバカに甘くて、私も四つか五つ、ミニバスの中で食べた。バスの中ではゴムまりを人に向かって投げつけてふざけあっていた。暗くなってからホテルの前に戻ってきた。

大変濃厚な一日だった。特に、マンゴー狩りをしたことは、昨日のことのように鮮やかにおぼえている。

29日(月曜日)、昼過ぎまで寝直してゆっくりして、午後は長男と本屋や銀行に行った。本屋でコロンビアの歴史と地理の教科書を買った。

夜は、長男とその友達の兄弟と一緒に映画をみにいった。中国の空手映画で、4人分の入場料100ペソを私が払った。11時頃終わったが、結構面白かった。ホテルに戻ってからも長男が私の部屋に来ていた。明日出発なので、何か記念の品をくれないかとせがまれたので、考えたあげく、ほとんど使っていない風呂敷をあげた。文通もしてくれるね、とダメを押された。

30日(火曜日)、午前10時イバゲ発のバスで、ネイバに午後2時に着いた。ネイバに入る直前に警察の身体検査があった。バスに向かって立たされ、後からさぐられる。手提げもあけられた。いつものようにバスの中であっという間に住所交換までした黒人の化学の先生が、検査があるとあらかじめ教えてくれていた。

ネイバに着いてから化学の先生とその友人が一緒にホテルさがしをしてくれたが、私には高すぎるところばかり案内されたので(125～150ペソ)、断って、自分でさがして70ペソのところに落ち着いた。

イバゲで泳いだ次の日から風邪をひいて、体がだるかった。それで2泊してゆっくりするつもりだったが、夜が落ち着かない。まず、蚊がいる。暑いので寝袋から出ると刺されてしまう。注射より痛いぐらい。これでマラリアかなあ、と思った。それから、ネズミがいる。夜のうちにパンを入れたポリケースが食いちぎられ、もちろん中のパンも食べられていた。暑いところではネズミもどう猛なんでしょう。木製の戸棚があるのでそこに入れておくべきだったが、まさかケースまで食いちぎられるとは思わなかった。感心してしまった。

31日(水曜日)、国境越えまでのペソがちょっと足りないようなので、両替のため銀行に行ったが、月の最終日という理由で閉まっていた。その後、サンダルの鼻緒が切れたので、町の中を歩いてさがし、75ペソ(400円ほど)のゴムサンダルを買った。皮のサンダルは、イバゲならあると思うが、ネイバにはなかった。

2月1日(木曜日)、風邪がだんだんひどくなってきて、息が荒く、熱っぽい。ところがゆっくり寝ようにも、蚊の襲撃で眠れなかった。どうしようかなと迷っていたのだが、朝ホテルの鉄格子がしまっていて、ホテル内部の部屋も3部屋警察の封印がなされていた。差し押さえを受けたようだ。麻薬を隠匿するとかしたのではないかと思った。そんな雰囲気は、泊まっている間、なんかずっとあった。それで出発を決断した。

バスは午前11時に出発して、ポパヤンに着いたのは夜の8時だった。地図を見て、せいぜい4、

5時間と踏んでいたのに、9時間。夕方になって山を登っていったので、冷たい空気がひゅーひゅー入ってきた。半袖で寒かった。このままじっとしてたら熱が出る、と思って、座席で座禅を一生懸命、というのもヘンな言い方だが、やっていた。

ポパヤンに着いて、バスターミナル近くのホテル3軒でいずれも満員といわれた。これまでずっとがら空きだったのでビックリしたが、パンアメリカンハイウェーに出たためだろうと思った。バスターミナル裏の安宿で、ちょうど1人空きが出て、そこに入れた。シャワー、トイレ、洗面台つきで65ペソというのは安い。ただし窓がない。着いてすぐに町を歩いてみたら、道が広く、建物は低いのが多い。土地が十分にある感じ。ここは新市街のようである。売春婦から声をかけられたが、それどころじゃない。風邪がますますひどくなってきたようなので、シャワーを浴びてすぐに寝た。寒い。

翌2日(金曜日)、窓のある部屋に移ろうかとも思ったが、風邪がひどくなって、ホテルではどうせ寝ているだけなので、移らないことにした。洗面台があるので洗濯をして、中庭に干した。

私は、米田有記『南アメリカ人間旅行』(あすなろ社、1978年)という本を持ってきていた。ネットで検索したら、古本が今でもネットで買えるようだから、入手して読んでみたい。当時は『地球の歩き方』みたいなガイドブックはほとんどなくて、このような紀行か、もしくは雑誌に載っている情報の切り抜きぐらいしかなかった。その中でこの本は読んで特に楽しかった。旅行中も何度も読んだ。この本にポパヤンの町のことが書かれていたので、それを思い出しながら歩いた。

小山があって、てっぺんに馬に乗った偉い人の銅像がある。ここからポパヤンの町全体が眺望できる。穏やかな道である。きれいといえばきれいだが、コスタリカの景色みたいで（そういえば、コスタリカがアメリカの庭園と呼ばれているのに対して、ポパヤンはコロンビアの庭園と呼ばれているらしい）、じきに眠くなった。銅像の横で夕方まで寝た。

夕食は、風邪のせいだろう、市場のゴミゴミしたところでは食欲が出ないので、セントロにいって、そこにあるホテルのレストランで食べた。内容が豊富で、野菜が盛りだくさんだった。人々の顔を見ると、白は少なく、濃い褐色か、黒に近い肌が多い。町の中で、チノか、とは全然問われず、ハポネスかと問われたので、日本人はそんなに珍しくないようだ。泊まっていたホテルにも日本人が泊まったことがあるそうで、その人はスペイン人の奥さんを連れていたそうだ。

夜の気温は、セーターを着て、寝袋に入り、その上から毛布を掛けても暑くなかったので、風邪のせいかもしれないが、かなり低かったのではないか。

3日（土曜日）、風邪で、次のパストまで行けるだけの体力がないように思われたし、パストは2534mで寒いだろうから、ポパヤンにもう1泊する。

同じところにちょっと長く滞在しているとすぐにたかられちゃいますねえ。ホテルに出入りしていた商売の女性が私のところに来て、4歳になる彼女の娘がひどい病気なので、薬代を貸してくれというのである。500ペソ必要って。私もコロンビアを出国する前でそんなにお金は持っていない。そういうと、じゃ300でいいからと。なまじスペイン語がしゃべれるとろくなことにならない。私は、風邪をひいて、根気がなくなっていて、とにかく早く退散してほしかったので、まあいいか、と300出してやった。10ドル弱ですね。「あなたを信用してますよ」といって渡したが、もちろん、返ってくることはない。とたんに彼女は笑顔になって、いそいそと私の部屋から出て行った。私は、ラテンアメリカ旅行中だいたいホテルの部屋のドアは開けていた。

隣の部屋にスイス人のペアが泊まっていた。その日記を見せてもらったら絵や写真を貼り付けて、見た目にも楽しいものになっていた。男性の方は23歳だそうだ。その日記に、「今日は何もすることがない」と書かれていた。それを読んで、私もやっぱり南米ボケしてきているんだろうなあと思った。

飲み物を買いに出たついでに、コーヒーを飲んでいたら、カリから来て、同じホテルに滞在中の若い女性がやってきた。彼女はミルク入りのカフェ・コン・レッチェ。おいしそうだなあと思って見ていたら、私がコーヒーを飲んだあと、半分わけてくれた。このあと、ホテルの中庭の椅子に腰かけて、同宿の人たちと話した。ドルを持ちたがっている人がいたので、ちょっとだけ両替してもらった。300ペソもやってしまったので、私の方の手持ちが怪しくなった。でも、こんなことをやっていたら私のスペイン語はちょっと上達したみたいである。というのは、長いせりふがスラスラッと出てくるからである。毎日のようにデスノエスの本を音読している効果が出てきたのかもしれない。ずっと継続して読んできて、もうじき読み終わるところまで来ていた。

4日(日曜日)、朝9時半にカリから来たバスに乗って出発して、パストに夕方4時に着いた。バスは、日曜日のせいか、がら空きだった。

パストで泊まったホテルは当時持っていたハンドブックに載っていていたのだが、1997年版には載っていない。マンハッタンという名前のホテルで、ホットシャワーがあった。寒いところなのでとても気持ちがよくて、いつまでも浴びていたいぐらいだった。

浴びてから部屋に戻ったところで左の耳かけ補聴器を下に落としてしまった。ピーッという音が出て、消えなくなった。壊れたのかと思ったが、音はちゃんと出て聞こえる。予備の耳かけもピーッとなってダメ。当分コード補聴器でいくしかない。しかし、ワイシャツのポケットに二つの補聴器を入れて使ってみると、交差したコードが邪魔になって動きにくい。大きめのポケットが二ついているワイシャツが必要だ。これまでラジオをきくのに使ってきたコード補聴器も電池のところの接触がよくない。予備の耳かけ補聴器をあれこれいじっているうちに使えそうになってきた。

5日（月曜日）から6日（火曜日）にかけて体調がまた下り坂になってきた。悪いことに風邪はお腹に来て、下痢が続いた。それだけでなく嘔吐感があり、実際に何度も吐いた。それで、6日はほとんど一日中寝ていた。私の場合風邪で下痢することはしばしばあるが、吐くというのは珍しい。食中毒じゃないかなと思って、トマト、果物、パンで自炊したらいいのではないかと考えた。

7日（水曜日）、依然として水のような便が出るが、ふらつきはなくなって普通に歩ける。体調が戻るにはまだ長引きそうなので、追加の両替をした。その後、スーパーで、トマト、野菜、グレープフルーツのジュースを六つほど買った。自分で湯が沸かせるといいなと思い、電気の湯沸かし器を探したが、持ち運びできるようなものは見つからなかった。野菜サラダの缶詰や、小さなパンも買って食べた。しかし、この食事でもまた吐いた。

二つポケットがついているワイシャツも買った。この時買ったワイシャツは、日本に帰ってからも長らく使っていた。

本屋でニーチェの『悦ばしき知識』のスペイン語版を売っていたのには非常にビックリした。読む人がいるのだろうか。50ペソで買った。

8日(木曜日)、朝はまだ下痢をしていたが、気分は上向きで、もうじきという感じがした。

午前中、市場の先にある見晴らしのよさそうな丘に登ることにした。ちょっと行ったところにバスが停まっていて、行き先は25キロほどのところだというので、そこに行ってみようかと思って乗って待っていたのだが、いっこうに動き出さず、寒くなってきたので降りて、最初に目指した丘に登った。坂は急で苦しかった。登り切ると、パストの町がよく見えた。ポパヤンみたいに人がつくったっていう感じがしない。大きな山の裾野に町が広がっている。空気が澄んでいる。

動いていたら元気が出てきたようである。ソーセージやハムがやたらに食べたくなってきた。きっかけは中華料理店さがしで、パストのメインストリートの一番先まで行ってみたのだが、なかった。このとき、パストの町は黒服の女がやたらに多いのに気がついた。喪服だったのかもしれない。スーパーでソーセージを買った。それから小さなパン。野菜の缶詰。合計37ペソあまり。食べてみたらおいしかった。どちらもメデジンの会社が作ったものだった。

夜になってロビーにポストボンを買いに行くと、たくさんの人がいろんな遊びをしていた。点数制輪投げ、数字合わせ、ピンポン。数字合わせを一緒にやったが、一度も勝てず、20ペソぐらいすった。この時、私は、「コロンビア人ですか?」ときかれた。

お腹の調子は、出していないので分からないが、まだボカボカ動いていた。

9日(金曜日)、下痢は止まって、かたい便が出た。これでぐずぐずしていたら罰が当たる。7時前までに出発の準備を終えた。あっという間に風のように去るのが私の趣味だ。ホテル掃除の女性が、本当に出発するんですか、みたいな顔をしていた。

7時半発のバスがあった。定刻に出る。がら空き。途中で食事の休憩があった。私もコーヒーと揚げパンを食べた。乗客の少年がトウモロコシを食べているのがおいしそうだったので私も買おうとしたら小銭がない。この少年が代わりに払ってくれた。5ペソ。バスがまた動き出してからこの少年は私の隣に来ておしゃべりしていた。16歳で英語が少しできて、パストの学校に通っているそうで、両親ともパストだそうだ。

イピアーレスに着いて、タクシーをチャーターした。国境までが50ペソ、国境からエクアドルのトゥルカンまで100ペソの合計150ペソ。私の残りの所持金は2ペソだった。

コロンビアの出国手続きもエクアドルの入国手続きも簡単だった。入国手続きで所持金を尋ねられたので2400ドルと答えたが、確認はなかった。

トゥルカンの町までは、ほんの5分か10分ぐらいで、すぐだった。途中エクアドル人を3人拾ったが、彼らはセントロで降り、町を突き抜けてバスターミナルに着いた。

両替人がやってきた。1ドル＝25スクレ。25ドル両替した。電卓を持っていて、600スクレだという。ヘンだなと思って、もう一度やり直しさせたら625と出た。多分24×25と打ち込んだんでしょうね。

バス会社がずらりと並んでいた。どれもキトー行きである。オタバロまでは40スクレだそうだ。出発の11時半までに1時間あったので、食堂で食べた。フライパンのような形のものに卵、ジャガイモ、肉の料理が出てきた。紅茶もうまかった。お腹の調子は悪くないようだった。

バスはミニバスでゆっくり走った。トラックに追い越されるばかりで、とうとう1台も追い越さなかった。運転手はインディオの黒い帽子をかぶっていた。風景が変わって、コロンビアでは緑だったのが、こちらは山肌が出て土の色だった。木は所々にしか生えていない。バスは山腹を走っていった。快い程度に揺れた。

オタバロに着くまでに、3回警察の検査があった。1回目の検査の時、子ども連れの女性の荷物が片っ端から没収された。見たところ日常用品のようで、なぜ没収されたのか分からなかった。女性は怒りで、しばらくは興奮がおさまらないようだった。2度目と3度目の時は、パスポートと身分証の検査があった。3度目の検査後、午後2時半頃にオタバロに着いた。

オタバロは2530mのところにあり、人口は2万人余りである。毎週土曜日に開かれる巨大な市場で有名で、それが着いた翌日だった。

オタバロには2泊した。最初の夜泊まったペンションの下にあるレストランに夜コーヒーを飲みに行くと、女主人がエクアドルの歌をうたってきかせてくれた。日本の民謡のようなふしまわしで、彼女の男みたいな声にマッチしていた。この時の歌のカセットを買いたくて、エクアドルでは時々カフェテリアでジュークボックスをかけたが、この時きいたような歌には再び巡り会えなかった。

10日(土曜日)の市で買い物かごを買った。市場で売っているかごは丈夫だし、色も鮮やかなものが多く、日本に帰ってからも愛用していた。風邪が治ったと思って定食を食べたら吐いた。スープの油が一番いけないようである。固形物もダメ。

11日(日曜日)、朝9時40分発のミニバスでオタバロからキトーに午前11時半に着いた。着いた日は、ミニバスが着いたところの近くにあるペンションに泊まったが、そこからセントロに出るには延々と坂道をのぼりおりしなければならなかったので、翌12日(月曜日)、市場近くのホテルに移った。キトーは高度が2850mだから、歩くのはラクではない。移ったホテルは中庭に面していて気に入ったが、消毒のにおいが鼻についた。40スクレの安さでホットシャワーが出るのにはビックリした。

キトーには3泊した。腹具合が悪かったのに、とにかくよく動いた。

まずテプサというバス会社をさがしていった。ペルーから出国するチケットを買うためである。ところが事務所は地図に載っている場所から移転していて、ちょうどエクアドル人でやはり旧事務所に車で来た人がいて、一緒に新しいところに連れていってもらった。しかし、テプサではペルーからの出国チケットは売っていなかったので、出国チケットはパンアメリカーナというバス会社で買った。キトーで買った方が安いということだったが、実際は、国境で買った方が安かった。

補聴器会社もさがしていった。当時私が使っていた耳かけ補聴器はシーメンスというドイツの会社のものだった。キトーにも営業所があるということで行ってみたら、こちらも移転していた。13日（火曜日）に電話帳で新住所を調べていってみたら、補聴器関係のものは売っていなかった。

それから、キトーでペルーの通貨ソールを買うと安いというので、両替屋で5000ソール買った。ところが、これもあとになって大損だったのが分かった。というのは1ドル＝135ソールぐらいのレートで買ったのだが、ハンドブックには130と載っていて、トクをしたと思っていたところ、実際に行ってみると、国境でさえ200、リマでは215～220ぐらいのレートだった。

14日（水曜日）、この日の朝方はまたひどい下痢になって3度も便所に行った。それでもあらかじめ決めた通り、朝7時40分発のバスでクエンカに向かった。はじめはグアヤキル経由で行くつもりだったが、絵葉書を見てクエンカの方が私に合いそうだと思ったからである。グアヤキルは海岸沿いの低地なので、ネイバのときのようにまた蚊に悩まされるのがいやだった。クエンカなら高地だから涼しい。

バスには見習い運転手が乗っていて、この人が運転するときはのろくて揺れたが、その分正規の運転手が取り返してくれている感じだった。昼食時の休憩のとき、定食を避けて、肉とバナナを揚げたのを食べた。肉の脂の部分を犬にやっていたら、バスの助手が、この肉は犬の肉だと教えてくれたのは、今でも忘れられない。犬の肉ってこの時はじめて食べたが、あっさりしていた。2010年3月、中国・雲南省の景供で犬のスープを食べたときに、この時のことを思い出した。

クエンカに行く途中、一度山を下りて（といっても高原みたいなところ）暑いところに出る。熱帯風の町に2カ所停まったが、どちらもステキだった。それからまたあがっていって、午後7時40分ちょうどにクエンカに着いた。クエンカは標高2530mである。

クエンカの町はとても気に入った。というのも、色とりどりの果物が豊富にあるからで、何度市場に行っても飽きなかった。お腹も徐々に復調していたが、風邪は治りきっておらず、用心して、果物とトマト、それにパンだけにしていた。市場に買い物に行く以外は、ホテルで、スペイン語訳のカフカの『城』を読んでいた。

出発は18日（日曜日）と決めた。日曜日の移動は避ける人が多いが、日曜日でも移動には差し支えないようである。

ところが、出発前夜大変なことになってしまった。同じホテルに宿泊している大学生2人が夕方から私の部屋に来て、夜9時頃までしゃべっていた。キトーからリオバンバという町に行く途中にある火山のふもとに大学があるのだそうだ。やっと出ていってくれてから横になったら、また来て、一緒に飲もうという。ちょっと飲んだ方が眠りやすいだろうと考えて、学生たちの部屋に行くと、7~8人が集まっていた。真ん中に机を置いて取り囲むようにして座ったり、ベッドに寝そべっていて、私もロンをすすめられて飲んだ。ロンはサトウキビからつくられるラム酒である。うまい、と思ったのも2杯目ぐらいまでで、回し飲みのロンを6〜7杯も飲むうち頭が朦朧としてきた。何か日本の歌をきかせてくれといわれ、何を歌ってもどうせ意味は通じないので「君が代」を歌ったら、ヘンな歌だなと、爆笑だった。のどが熱くなって、カラカラになった。もうこれ以上は無理だなと12時半頃になって引きあげようとしたら、足がよろめいていたのか、学生2人が部屋まで送ってきてくれた。

そのまま横になって寝たら、午前2時頃目がさめた。苦しくて、ベッドを転げ回っているうちに吐き気がして、吐いた。バスの中で飲もうと買っておいたコーラをほとんど全部飲んでしまった。トイレに座っていたりしているうち4時半になった。バスは5時半発なので、とても無理だと思ったが、よたよたとリュックをまとめ、リュックはとても持てないので引きずって、とにかく前の通りまで出た。バスターミナルまで歩いてわずか5分ぐらいの距離なのだが、とても歩けない。ちょっとするとタクシーがとまってくれた。

バスに乗ってから、ちゃんと座っておれず、すいていたので座席に横になって寝ていた。朝9時頃になって座れるようになった。12時20分頃マチャラに着いた。ここはもう低地で、みるみる元気回復したことからすれば、高山病にかかっていたのではないかと思われる。午後2時頃にマチャラを出発して、3時半頃国境のフアキジャスに着いた。残ったスクレは、たばこ2箱買ったらほとんど使い尽くした。残ったお金は小銭だけ。

エクアドルからの出国手続き、ペルーへの入国手続きはともに簡単だった。所持金の質問もなかった。

発車し始めていたトゥンベス行きのバスに飛び乗った。国境からトゥンベスまで20キロぐらいである。着いてすぐにRoggeroというバス会社の事務所に行き、夜8時発のリマ行きの切符を買った。そして、ほとんど動かずに出発を待った。

バスはTICAバスと同じタイプの大型バスで、きわめて快適だった。よく眠れた。道は全部舗装されていた。

19日（月曜日）の夕方7時にリマに着いた。タクシーの運転手に日本人のペンションというと、ペンション西海《にしうみ》に連れて行ってくれた。西海は、米田氏の『南アメリカ人間旅行』に書いてあって、知った。

西海さんは寿司職人で、だから食事はおいしかった。水も飲める。おかげで力はついた。だが、私自身は、このペンションにあまり親しみを感じなかった。日本人ばかりで閉じこもっているみたいな感じで、長くはおれない。しかし、同室になったKさんとは妙にウマがあって、一緒に動いていた。そして、彼がワンカヨ（Huancayo）行きのバス切符を買ったとき私も一緒に行くことに決めた。

22日（木曜日）に、Kさんと一緒に、午前11時半発のバスでワンカヨに向かった。非常に急な上り坂をどんどん上がっていく。途中雨になり、雪も降った。アルパカのような動物もいた。バスの中ではしかし、ちょっと寒いと感じた程度だった。夜9時にワンカヨに着いた。高度は3271m

である。人口35万前後だから大きな町である。

翌23日（金曜日）は町をブラブラした。

24日（土曜日）、午前10時発のバスでアヤクチョに向かった。バスの中でKさんとは別々になったが、私の隣に座っていた英国人は楽しい人で、かつ、おしゃべりだった。スペイン語を子どもが口をパクパクさせるようにして話した。このバス旅の前半は大変揺れて、きつかった。ガスがたまって、お腹が痛かった。このままでは体がもたないと思ったので、まずセーターを尻に敷いた。夕方になってからさらに、リュックから寝袋を出して、これを尻に敷いた。これでたいへんよくなって、ガスが出なくなった。暗くなってから、道が半分崩れているところがあり、みんな降りて先に行った。バスが無事に通過すると拍手が起こった。夜の食事休みの時に、原っぱに行って、大便を出した。これで体は快調になった。

バスは午前1時にアヤクチョについた。客引きがいたので、英国人も一緒にそのホテルに行って、3人で泊まった。

25日（日曜日）、ホットシャワーの出るところがいいということで、セントロのホテルに移動した。英国人は水曜日までいるということだったので別の部屋に落ち着いた。

3人で町を歩いた。アヤクチョは、人口は10万人ほど、高度は2740mとワンカヨより低い。英国人は市場で白粉をぶっかけられた。小山の頂上に十字架が二つあるが、そこでも英国人は白粉をぶっかけられて散々である。お祭り中のようだった。セントロに戻るときに、私も水をぶっかけられてびしょぬれになった。英国人も同じ。だらしない格好をして広場で写真をとった。10分ぐらいで写真はできた。旅行関係書類の中にこの写真が見つかった。これが私か。

26日(月曜日)、バスは午前7時発の予定だったが、9時になっても来ない。私はカフカを読み、Kさんはペルー人とあれこれ話していたようである。午後になってもバスが来ないので、2時に昼飯を食べにいって戻ったらバスが来たが、満席で乗れない。座席指定のできる別のバス会社で28日(水曜日)の便を予約した。別のホテルにリュックをかついでいく途中また水をぶっかけられた。カッとしてしまったが、水をかけた少女はなぜ私が怒ったのか分からないようだった。ホテルに着いて、ビールを飲んだら落ち着いた。

27日(火曜日)、銀行で、トラベラーズチェックを50ドル両替した。1ドル＝205ソーレスのレートだった。祭日のため、店はほとんど閉まっていた。

28日(水曜日)、バスは午前9時発の予定だったが、すべて午後1時になってからといわれる。Kさんは疲れが抜けきっていないようで、イライラした様子で、航空会社に行くといって出ていったが、しばらくして戻ってきた。金曜日の便しかないそうだ。

1時過ぎにクスコ行きのバスが到着し、われわれも座ることができた。このバス会社のバスはリクライニングシートになっていて、倒せた。そのためお腹の部分を伸ばすことができて、お腹にガスはたまらなかった。この日の夕方頃の平原の風景はよかった。夜中に眠っていたらバスがとまった。われわれより先に出たバスがパンクしていた。

一夜明けて、3月1日（木曜日）の午前10時にアバンカイに着いた。9時間も眠ったし、ここでお腹の中のものを全部出してラクになった。景色の大きさに驚いた。午後6時40分にクスコに着いた。セントロに歩いていってホテルを決めた。

私は、体調はよかったので、翌2日（金曜日）にひとりで、マチュピッチュの手前のアグアスカリエンテスに行くことに決めた。午前中鉄道駅に行って、切符を買ってきた。そして、Kさんと別れてホテルを出発し、クスコの鉄道駅に着いてから、駅前で座っているおばさんからミカンを買ったら、時計を隠すようにといわれた。危ないらしい。もう何度も危ないといわれてきたので、アアソーという感じだった。待合室で少年が私に話しかけてきた。1時過ぎに列車が入るとともに少年は私についてきた。私が乗る1等車はまだ来ていなかったが、ちょっと待っていたら来た。私の乗る車両に乗ろうとすると、少年が手提げ袋をもって先に列車内に入ってくれた。私の席に少年は手提げ袋を置いた（ような気がした）。私はリュックを棚に上げる。すると、若い男がリュックをもっと右に移すようにという。何でかなと思いながら移す。その直後、あっ、袋がない。すぐにやられたと気づいて、列車の外に出てみたが、走っているような人影はない。駅の入口までいって、あきらめた。後で考えると、2等車内に隠れていたのではないか。警察官がいたので申告はしたが、盗まれてしまったらおしまいと覚悟はしていた。しかし、腹は立った。

手提げ袋には、耳かけ補聴器が二つ、辞書とノート、あとコーラなど。問題は補聴器だ。リュックの中にコード補聴器が二つ。このうち左耳に使っていたのは、電池が普通のサイズより小さい。小さなサイズの電池は普通の店では売っておらず、かつ、この電池の予備は持っていなかった。右耳用のコード補聴器の音の高さを左耳用に調整すれば何とか使えそうだ。左耳に1個つければ、まあまあ聞こえる。ラパスあたりまで行けば、何とかなるのではないか。

列車でアグアスカリエンテスに夕方6時に着いて、ホテルに泊まった。

一応、何とか旅は続けられるであろう、とは思ったが、やっぱりなかなか眠れなかった。盗まれた前後の状況を何度も考えた。少年は窃盗グループの一員だったのだろう。ただで手提げ袋を運んであげましょうなんて親切な人がいるはずない。私の気をそらす役だったのだろう。彼は盗まれたあと、平然とまた私の前にやってきた。盗んだ人を逃がすためだったのか、と思う。米田氏の本にもカメラを盗まれたことが書かれていて、大笑いしたのだが、実際に盗まれてみたら、あーあ、バカだった、と思うばかりだった。

翌2日(金曜日)、朝6時に起きて、マチュピッチュに行った。鉄道の線路上をマチュピッチュ駅まで行き、そこから山道をのぼる。バスの運転手にきいたら、バスなら20分、徒歩で1時間ということであった。歩くことにした。歩行用の道はバスの道とは別で、ほぼまっすぐに上がっていくのできつい。汗びっしょりになった。そろそろ着きそうなところにヘビがいた。折りたたみ傘を伸ばし、ズボンの裾を靴下でまとめ、手袋をはめて進むと、ヘビはもう姿を消していた。すぐに入口についてスス場料を払い、中に入った。どんな風景かは皆さんご存じと思うが、とにかくすごい景色だった。

帰りはバスで下におりて、バナナを買って食べ、それからアグアスカリエンテスに戻った。アグアスカリエンテス駅にあるレストランで食べ終わったところで日本人にあった。彼も私と同じホテルと分かる。この日の朝ここに来たそうだが、彼もやはりクスコ駅で８００スクレ取られたのだそうだ。同じレストランにもう一度入って話した。なにしろ、前日手提げを盗まれてまいっていたので、同じような被害者と話しができるのは嬉しかった。話しているうちに、間抜けな自分がむしろおかしく思われてくるのだった。Ｍさんといって、29歳だそうだから、私と同じ年齢である。レストランの主人は父親が日本人だという二世だった。

Ｍさんと一緒にホテルに戻ってきて、ホテルの人の配慮で隣りあわせの部屋になった。Ｍさんはポパヤンでもリュックを盗られたのだそうで、荷物は手提げ袋一つだった。盗まれて2、3日もたったらもう盗まれたことは忘れてしまったそうだ。彼はこれからヨーロッパとアジアを回る予定だそうで、お金は４０００ドルも持っているとのことだった。

アグアスカリエンテスには小さなプールが二つあって、本物の温泉である。底は砂になっていて、熱い。なめるとしょっぱい味がする。かなり長く浸かって眠くなった。

3日（土曜日）は、盗まれたノートに書いてあったことを思い出しながら書いていた。住所録も盗られたので、これまで住所交換してきた人たちと連絡をとることもできなくなり、手紙は時々家に書くだけですむようになった。

4日（日曜日）午後にクスコに向かおうと思っていたら、日曜日は午後の列車はないそうで、ゆっくりもう1泊した。Mさんも、私が持っていた日本語の本をむさぼるようにして読んでいた。

左耳用のコード補聴器については、小さな電池がないため使えないでいたが、単3用の電池ボックスを別に用意し、これと補聴器の電池電極とをコードで接続すればいいんじゃないか、と考えた。Mさんは、こういうことは得意のようで、簡単にできると請け合ってくれた。

盗まれたもの、例えば灰皿だとか、ナイフ、爪切りなどはいいものを買えばお土産にもなる。そういうことを考えていたら楽しくなってきた。まあ、もともと盗まれるのは想定内だった。コロンビアで盗まれなかったのがむしろ不思議だった。

5日（月曜日）、午後の列車でクスコに向かうまで、ホテルの主人の双子の息子たちと話していた。Machupicchu というのは cerro viejo（古い丘）という意味だと教えてくれた。どちらも学生で、本好きのようだったので、マルケスの『ママ・グランデの葬儀』をあげた。非常に喜んでくれて、お返しにペルーの分厚い漫画本をくれた。

アグアスカリエンテスに停まるローカル列車ではなく、マチュピッチュからのツーリズム専用の列車が午後3時20分にマチュピッチュを出るというので、マチュピッチュ駅まで歩いていく途中Mさんに再会し、彼もマチュピッチュから一緒にクスコに向かうことになった。

マチュピッチュからの列車はほとんどが白人旅行者だった。この列車の車中で、アヤクチョまで一緒だった英国人と再会した。とても懐かしかった。同じ方向に動いているので、何となくまた会えるような気がしていた。この英国人とは、クスコでもまた会った。ペルーでは他にも親しめそうな白人旅行者に会えた。

同日午後7時に、アグアスカリエンテスからクスコに戻った。最初クスコに来たときと同じホテルにMさんと泊まった。クスコには2泊した。

着いた翌日、Mさんと鉄道駅に行って、プーノまでの切符を買った。

それからMさんとは別れて、まず、レコード屋で電池箱を売っているのを偶然見つけ、補聴器の電池の電極と接続した。非常にうまくいって、問題なく聞こえるようになった。これまで接触も悪くなっていて、時々音が途切れたりしていたので、かえってよかった。

市場ではいろいろ買ったり、見たりして楽しかった。盗まれたために買わざるを得なくなったのは爪切りである。靴クリームを、3回磨いてもらうぐらいの値段で売っていたので買って、自分で磨くことにした。靴ひもも切れかかっていたので買った。それからクシも買った。散髪用のは持っていたが、折れちゃいそうだったので買った。10円ぐらいである。灰皿もさがしたが、いいのがなかった。市場を歩きながら、盗まれた補聴器が売りに出ていないか注意してみていたのだが、見かけなかった。

新たに買ったノートには、Mさんのことが書かれている。今思い出すと、彼は自分勝手というより、自分のことで頭がいっぱいの人だったと思う。

彼は先に述べたように4000ドルも持っているということだったが、貧乏くさかった。貧乏くさい例として三つあげてあって、一つは、私が爪切りを買ったことをいうと、彼は、店で切れるか切れないか確かめるふりして全部切っちゃえばいい、というのである。二つ目は、彼はレストランやカフェテリアに入るたびにティッシューを2、3枚ポケットに入れる。トイレットペーパーにするつもりなんでしょう。これは私もやることがあるから別におかしくないと思うんだが。三つ目に、彼はアグアスカリエンテスの温泉料を2度払わなかった。散歩するふりをしながら料金所の前をブラブラし、スキを見てさっと温泉のある方に入っていった。補聴器の修理も最初はMさんが請け負ってくれていたのだが、プーノに行く切符を買ったあとさっさと博物館に行きたいといってひとりで行ってしまった。まあ、こういうタイプの方が後腐れがなくていいのかもしれない。

夜、ひとりで街をぶらついていたらまたあの英国人に会った。

7日(水曜日)、Mさんと一緒に、朝8時10分クスコ発の列車でプーノに向かう。列車の中でまたあの英国人に会った。何度会っても楽しい。彼はもう時間がないのだそうで、せっかくここまで来たのにボリビアには行かないそうだ。

列車には若い日本人女性が2人乗っていた。彼女たちをMさんは知っているそうだった。A女、B女としておこう。A女が大阪出身、B女が北海道出身だそうだ。2人はメキシコの国立大学で2年間スペイン語を勉強して、帰国前に旅行しているのだそうだ。2人はちょっと見ただけでもしっくりと、すごくうまくいっているようだった。A女のほうが男的というか、万事ハキハキしている。

列車の中で私はモンテーニュを読んで、面白いところをメモしていた。

夕方暗くなってからプーノに着いた。4人でホテルに行き、2人部屋の空室がなかったので、3人部屋に補助ベッドを一つ入れて、4人一緒の部屋に泊まった。翌日部屋替えして、プーノには4泊した。

8日(木曜日)、Mさんと銀行に行き、それからボリビア領事館に行ってボリビアのビザをもらう。Mさんと別れてホテルに戻ると、A女がどこやら行こうと誘った。A女、B女とともに3人で出かける。行き先はチチカカ湖畔だった。モーターボートの交渉をしていたら、またやあの英国人がやって来たが、彼はすぐに帰っていった。われわれは舟に乗ってかなり待ったのだが、人数が集まらないということで引きあげる。

その後続いて3人でセントロに行く。遺跡に行くバスがあるんだそうで、そのバス乗り場を探しに行ったのである。A女がききに行っている間、B女とアイスクリームを食べていたら、やがてMさんもやってきた。バスはないそうだ。4人で昼食を食べる。あとはずっとおしゃべりをしていた。

9日(金曜日)、この日は4人でチチカカ湖の沖合のタキーレ島に行った、と日記にあるのだが、記憶らしい記憶がない。朝8時に船が出て11時半に着き、帰りは午後2時に出て夕方5時半に戻ってきている。

10日(土曜日)、4人でウロス島に行ってくる。ウロス島というのは、よく知られている、40ぐらいの葦の浮島の総称である。雨が降っていて寒かった。子どもたちは裸足である。パンを出してA

女と食べようとすると子どもたちが群がってきた。A女曰く、

「貧しいわねえ」

涙が出ていたようだった。

この日はB女の誕生日だというので、私はB女に、彼女がほしがっていたニーチェの『悦ばしき知識』のスペイン語訳をあげた。

夜、B女の誕生祝いをすることになった。Mさんはプレゼントのタテを買ってきた。どんなタテだったのか記憶がないが、その裏側に3人の名前を書いて、3人からの贈り物だというのである。勝手にそういうことされてもねえ。要するにMさんはB女のことを好きになったんですね。われわれの部屋にやって来たA女がそのタテを見て、「贈」と「B様」が欠けていると冷やかす。

夕方7時半に4人でレストランに行こうとしたら、タキーレ島であった日本人男性（Cさんとする）がやって来た。立派な体格に下駄履きである。「胃が痛くて島から戻ってきた」のだそうだ。彼も一緒にレストランに行く。

B女とMさんが注文した料理はまずそうだった。事実、B女はかなり残した。私はA女に選んでもらった。サラダとチキン。しょっぱかったがおいしかった。Cさんはジュースと手持ちのミカンだけ。B女とCさん、A女と私がそれぞれよくしゃべり合い、Mさんは緊張気味だった。タテに寄せ書きしたことは記憶している。

11日（日曜日）、朝10時プーノ発のバスでラパスに向かう。われわれ4人の他に、10日にバスの予

約をしたときに会った日本人男性も一緒だった。Dさんとしておこう。

乗る前に私は朝食を食べたが、A女もB女も何も食べなかった。多分、女性は途中小用を足すところがない場合が多いからだろう。MさんがB女に気があるということがハッキリしたので、私はA女とじゃれ合い気分で楽しくやっていた。座席も、A女と私が左の一番後の席に並んで座り、その前にB女とMさんが並んで座った。よそ目には2組のペアみたいに見えただろう。私は寝袋を出してA女と私の座席に敷いた。こうするとラクである。昼頃からA女は私の左肩に頭を乗せて寝始めた。

午後1時頃にバスを降りて、パスポート検査を受けた。この時A女は薬を飲んだといっていた。車酔い止めだろうか。

その後、バスはパンクして、修理に1時間半ぐらいかかった。この間に、私とA女は持っていたものをすべて食べてしまった。それから国境までA女は寝ていた。

ペルーの国境事務所で出国手続きの際、私もA女も事務所の中にあるトイレに行った。お腹がスッキリした。

その後歩いてボリビア国境まで行く。途中で余ったお金を使ってしまおうと、トイレットペーパー三つにパンを買った。買い物に熱心になりすぎて、ちょっと遅刻してしまった。この時の、笑いながらの国境越えは、今も楽しい思い出である。

国境で両替したのではないかと思うが、A女と浮かれていたせいか、両替のことが書かれていない。当時の通貨単位はペソだったが、１９８７年のデノミネーションで現在はボリビアーノに改称されている。ボリビアに入ったあと、５ドル両替して90ペソと書いてある部分があるので、１ドルが18ペソだったことになる。

手続きを終えてバスに着いたら、B女は、「どこにいたの！」といって、珍しくいらついた、不満そうな顔をしていた。

バスに乗ってから、時間を1時間進めた。あとはA女と体を寄せ合うようにして寝ていた。暗くなったら寒くなってきたので、彼女の体温が快かった。

午後10時半にラパスに着いた。バスターミナルそばの安ホテルは満員で、そのホテルに沖縄二世の人がいて、一緒に空室のあるホテルさがしをしてくれた。私は荷物番をしてDさんと話していた。彼は私の目つきを批判した。

「男はそんな目つきをするもんじゃない」

というのである。当時私がどんな目つきをしていたのか、よく分からないが、この批判はその後長く私の記憶に残った。難聴だとどうしても唇で読み取ろうとするので、口元に視線が集中する。そのため、相手の目から視線がズレる。Dさんの弟が、会話はできるが物音が聞こえないことがある程度の難聴だそうだ。

やがてホテルは見つかった。相部屋だったのかどうか忘れたが、日記には65ペソと書いてある。

翌12日(月曜日)、朝ひとりで銀行に行って100ドル両替してから、鉄道駅に行って、アルゼンチンまで行く列車を調べた。それから駅でメモを書いていたら、かなりたって駅員が話しかけてきた。彼は、

「ボリビアが日本みたいじゃないのは資本が足りないからだ」

と言い、いろいろ物知りだった。30分ぐらいも話した。

その後ホテルに戻ってからも、他の3人が出かけていたので、ロビーのソファでノートに書いていた。昼になって、ホテルの横がレストランになっていて、女の人が、昼食を食べないか、ときいてきたので、食べることにした。

レストランで食べながら書いていたら、さっきの女の人がまたやってきて、

「あなたの奥さんがいるよ」

というので呼んでもらったら、B女がやってきたのにはびっくりした。そんなふうに見えたのかなあ。続いてA女とMさんもやってきた。

その後ホテル替えして、そのホテルに4泊した。Mさんは個室を取った。私は45ペソの2人部屋に入ったのだが、他に誰も入らなかったのでひとりだった。勝手にできるってこんなに愉快なことなのかと改めて思った。ひとりでいると何をやっても楽しく、気分も軽くなる。しかし、風邪をひいたようでのどが痛かった。

この日、インカツールという旅行社でアルゼンチンのトゥクマンまでの列車の寝台を予約した。

その後さらに50ドル両替した。また、カフカの『城』のスペイン語訳を買った。

13日（火曜日）、アルゼンチンのペソを買った。ペルーのソールをエクアドルのキトーで買って、バカらしいほど損をしたので、かなりためらったのだが、アルゼンチンに入るのが日曜日で、少しでも持っておかないと困ると思って20ドル両替した。２１５０ペソ来た。つまり、１ドルが１０６２・５ペソである。ハンドブックには１ドルが４５８ペソとなっていたから非常にいいみたいだが、実際に国境を越えてみないと分からない。持っていないよりは持っていた方がずっとマシぐらいの気持ちで買った。

両替が終わって、これ以上はゆっくり歩けないというほどの速度で坂をゆるゆるのぼっていったら、偶然A女とB女が買い物をしているところにぶつかった。彼女たちは袋を買っていた。

「要するにズタ袋じゃないか」

と言ったら、A女にキッとにらまれた。

B女はというと、皮肉っぽい感じ。これも面白い。

国境越えの前後のことをプーノで買ったメモ用紙に書いたのを前日A女に見せた。それをB女も読んだのかもしれない。

夕方になって、私の部屋の前の部屋をホテルの人が掃除しているのに気がついた。のぞいてみると１人部屋できわめて明るい。天窓があるためである。65ペソなので、差額の20ペソを出して部屋をかえてもらおうとしたら、チェックアウトタイムを過ぎているから本当は認められないが、内々に認めましょうといって、10ペソのチップを要求された。

部屋替えしたことをA女とB女に知らせに行ったら、B女はカラーフィルムを買いに行って留守だった。それで、A女と一緒に夕食を食べようということになったが、A女は着るものを全部洗濯してしまってズボンがないというので、私のものを貸した。適当な店がなくてセントロまで歩いた。料理はA女が選んでくれた。

彼女は自分の家のことなど、いろんなことを話してくれた。途中彼女はトイレに立ったが、戻ってきて、生理中だと教えてくれた。バスの中でも調子が悪そうだったのはこのせいだったのだと分かった。

食事の後出ようとすると雨だった。出口脇のテーブルに座って話す。彼女は小林旭の唄を知っていた。ちょっと意外だった。

夜10時半に閉店ということなので、そのちょっと前にホテルに向かう。はじめはずぶぬれの感じだったが、そのうち雨足は弱まってきた。腹一杯になっていて、坂を上るのが苦しかった。

途中で一度休んだが、ひどく息が乱れた。高度のせいもあるが、ときめきも混じっていた。じゃれ合い気分が続いていて、坂が終わってしまうのが惜しいような気がした。

ホテルに着いたら別れて自分の部屋に戻ってきた。以上、だいたいノートの通り書き写したが、ほとんど恋愛気分ですね、これは。

14日(水曜日)、天窓があって明るかったが、11時頃まで朝寝を楽しんだ。この1人部屋は65ペソの値打ちがあると思った。ガッチリした机が置いてあるのも珍しい。

カフカの『城』のスペイン語訳を昨日A女に貸したら、面白いそうだ。自分でも買いたいという。A女は今日は遺跡を見にいくということなので、私がかわりに買っておくことになった。

昼食後セントロに出た。何軒かまわったが、ない。勘で、市場の近くのコメルシオ通りに行ってみた。大きな本屋があった。店員にきいてみたら、回転式のブックスタンドをしばらく調べて見つけ出してくれた。ボリビアでは人に頼んだらアテにできる感じがした。

夕食後戻ったら、ホテルのフロントの人が私に歯が痛いのかときいた。私には、ロダンの「考える人」みたいに右手を右頬に持っていくクセがあったためである。同じことを前にこの旅行中言われたが、日本ではそのようにきかれたことはなかった。

夜になって、昨日スプーンを借りにきた同宿の日本人がやって来て、週刊文春を2冊くれた。お返しに、持っていた『スペイン語・コーヒーブレイク』とその続編の2冊（NHKテレビの講師だった寿里純平先生の書かれたエッセイ）と、米田さんの『南アメリカ人間旅行』を持っていくと、どうぞということなので、中に入って話した。男の人は日本を出て5年、「カネがなくなるとその場で考える」んだそうだ。28歳というが、35歳ぐらいに見えた。女の人は奥さんじゃなく、恋人って感じ。リマで働いていて休暇中とのこと。男の人は米田氏をよくご存じだそうだ。

部屋に戻って文春を見ると、1冊は王選手が756号ホームランを打った漫画が出ている。もう1冊は新しくて、グラマン事件のことが書いてある。久しぶりなので、面白いことは面白い。だが、なんだこんな国に帰らなきゃいけないのか、とも思う。

15日(木曜日)、インカツールに明日の列車の切符を買いに行ったところ、この前行ったときとはまるで違うことをいわれた。この前は、アルゼンチンのトゥクマンまで乗り換えなしの寝台があるということだったが、この日は、明日金曜日の列車は国境のビジャソンまでしか行かないと言われる。どうしようもないのでビジャソンまで買う。ビジャソンで降りて国境を越え、それからフフイかサルタまでバスに乗るらしい。とにかく、アルゼンチンに入ってからのことは分かりません、の一点張り。切符は390ペソだから21ドルあまりということになる。トゥクマンまでが1950ペソで100ドルあまりというので両替しておいたのに、80ペソほどよけいに両替したことになった。それで、60ドル再両替し、10ドル分はアルゼンチンペソを買う。

やはり国際列車になるとずいぶん高いんですね。国境までで降りれば驚くほど安い。そしてこの方がアルゼンチンのこともいろいろ分かっていい。風邪気味だったので、焦らずゆっくりブエノスアイレスに向かえばいいだろうと思った。もしフフイあたりまで行ってアルゼンチンがいやになったら、パラグアイのアスンシオンにも行ける。昨日会った日本人の話では、チリではまた何か革命の動きが出始めているらしい。そういうことになったら、見れるならば見てみたいと思った。

とにかく、3月いっぱいはこれまで通りのペースで動き、4月になったらさっと日本に帰る予定でいた。A女との距離はずいぶん近くなっていたが、こちらから仕掛ける気はなかった。のびのび楽しもうと思った。

夕方、最後の夜ということで、A女、B女、Mさんと4人で中華料理を食べに行った。途中で、ラパスに着いた夜にホテルさがしを手伝ってくれた沖縄二世の人に出会い、この人が中華料理屋の場所を教えてくれた。すぐに見つかった。

皿をたくさん注文して、それを4人で分けて食べた。A女は風邪気味で、あまり話さない。私もおとなしくしていた。B女とMさんがよくしゃべった。1人60ペソだった。

食べ終わって出るとひどい雨である。A女がドコソコに行きましょうという。私はA女と一緒に私のコートをかぶり、B女とMさんはカサ一つに入っていく。5分ぐらい行くと大きな建物に出て、ここの地下が映画館。ここでちょっと雨宿りしてから、タクシーを拾おうとしたが、来ないようなので、拾いやすい場所にちょっと移動すると、また沖縄二世の人にあった。沖縄二世の人も一緒にバスに乗る。方向がホテルとは反対だなあ。かなり乗って、沖縄二世の人を先頭に降りる。雨の中をまたちょっと歩くと、喫茶店みたいなところに出る。そこでボリビア音楽の音楽会が始まるところだった。

はじめはどうということもなかったが、だんだん引き入れられる。雨で濡れて寒いので、飲み物はウイスキーにした。これはかなり効いた。

音楽会が終わったのは12時半頃だったと思う。雨はもうやんでいた。2人ずつになってホテルに帰る。先方のB女とMさんはえらく速くて、じきに見えなくなった。私はA女と非常にゆっくり歩く。もたれ合うようにして歩くのがとても快い。彼女を抱きしめたくなって、そう言った。

セントロ近くでホットドッグを立ち食いした。その頃から彼女の顔がかたくなってきた。坂道に入ると2度、3度と道ばたに腰掛けて休む。しゃがんでいるときにA女はハンカチを出して目頭をふいた。なんで泣かなきゃいけないんだろうね。私はとにかく、一緒にいるだけで十分楽しかった。ホテルの外の門が閉まっていた。ブザーを押したらちょっと不機嫌そうな顔をして開けに来た。フロントに行くとここも鍵がかかっている。私の部屋の鍵が受け取れない。A女が意を決して番人の部屋に行って、フロントを開けてもらい、鍵を受け取ってくれた。部屋に戻って時計を見ると1時半になっていた。鼻水をふくために彼女から借りていたハンカチを洗ってすぐに寝た。

16日(金曜日)、朝9時過ぎにA女とB女が私の部屋にやってきた。彼女たちはこれからグアテマラとベリーズに行く予定とのことなので、地図と、ハンドブックのグアテマラとベリーズの部分をちぎってあげた。

朝食後、リュックは預けて、3人で外に出た。A女は笛とパイプを、B女はパイプを買った。また、沖縄二世の人にお礼にLMというタバコを10箱買った。そして、一緒に昼食後ホテルに戻り、2時前にリュックをかついで出発した。

ちょっと歩いていったら、後からA女が来て、傘をさしてくれた。駅に着いてちょっとしてB女もやってきた。すでにホームに入っていた列車に乗って、発車まで寝台に3人で座って話した。私は13番の席だったのだが、頼まれて18番にかわった。

A女とは、日本での再会を約していた。彼女は私が帰国したちょっと後の4月7日に成田に帰ってきたので迎えに行った。彼女はその後、私が沖縄に行って弁護士の仕事をするようになってから、沖縄にも来たのだった。

A女とB女に見送られ午後3時に列車は動き始めた。寝台を交換した人と14番の人が一緒にお礼を言いに来た。1人は二世、もう1人は医者で、ビジャソンに住んでいるそうだ。

夕食は食堂車で食べた。45ペソだった。

17日(土曜日)、7時に起きた。結果的にはこの日は一日列車にいた。

朝10時頃、列車が停止して動かなくなった。車掌さんが5ドル両替してくれた。その時90ペソで替えてくれたわけである。そして、食堂車に行って食事をしてきた。

戻って寝て、午後3時に起きると、列車はまだ停まっていた。崖崩れのため線路が不通になっているそうだった。夕食は車掌が注文を取りに来て、チキンを食べた。やはり45ペソ。ハエがたくさん飛んでいたから、山を下りて気温が上がったのだろう。

列車は午後7時45分頃動き出したが、夜の9時になってまた停まった。ひどい雷雨で、ひょうのため寝台車の後の方の窓ガラスが5枚割れた。どうなるのかと思ったが、私は9時半には眠ってしまった。

18日(日曜日)、8時40分頃目がさめた。列車はまた停まっていた。

車掌に5ドル両替してもらって卵とカフェの朝食を食べた。食べている時に列車が動き出した。

午後3時過ぎ、やっとビジャソンに着いた。ホームにドイツ人がいて、トゥクマン行きの列車の切符を買う場所を教えてくれたが、列車は明日だそう。

歩いて国境越えする。リュックが軽く感じられた。ボリビア人たちと一緒に国境まできた。アルゼンチン側の税関職員(女性)はリュックを底まで調べた。入国税としてだと思うが、2800ペソ払った。

それからアルゼンチン人2人と一緒に歩いてキアカの街に行って、ホテルを決める。4000ペソ。しかし、個室ではない。

日曜日でレストランや食べ物屋が開いていない。小ケーキ三つに紅茶で1000ペソ、サンドイッチ三つにコーラで2000いくら。なんて大きな数字だろうと思う。1ドルが1000ペソほどなので、仕方がない。ボリビアで両替したのは、それほど損ではなかったみたいである。

19日(月曜日)、午前10時キアカ発のバスで発って、フフイに午後5時に着いた。バス代は1万4280ペソで高かった。バスには女性のサービス係が乗っていて、小休止、食事休みのあとごとにコーヒー、セブンアップ、アメ、お菓子を配る。お客は皆さん上品で、アメも1個ずつしか取らない。食事も、パッと皆に同じのが出たので、バス代に食事代も込みなのかと思ったが、これは別で、2200ペソ払った。このサービス係が男みたいな感じで、A女と似ていた。男はおとなしくて、恥ずかしがり屋が多いみたいだ。途中で検査した兵隊は、威張ってはいるがていねいで、リュックの検査のあと自分でしばってくれようとした。

フフイに着いて、鉄道駅の場所を白人のおじさんにきいたら、まるきり反対方向を教えた。2度目のおじさんにきいたらそれが分かり、3度目のおじさんは2度目のおじさんと言うことが一致していた。泊まったホテルは1人部屋で7920ペソだったから、これも高い。8ドルじゃないか。米国のロサンゼルスより高い。1人部屋にしたからである。この国ではひとりでいることは高くつくらしい。

アルゼンチンを初めて動いての印象が三つ、ノートに書いてある。

まず1番目。キアカ駅に行くと誰もいなかった。そこに女の子を連れた女性が来て、今日（日曜日）の列車はないかときいたので、すでに朝の8時半に出てしまっていて今日はなく、次は火曜日と書かれているので明後日までないと答えた。そういうと、彼女は困ったような顔をして、急に早口で、とにかくブエノスアイレスにいかなきゃならない理由をしゃべり始めた。会わないといけない人がいるんだとか。あっけにとられて黙ってきいていたら、急にしゃべりやんで、でも仕方ないわねといった感じでニッコリ笑って、サヨナラと。何で私に理由をしゃべらなきゃいけないんだろうと思ってきょとんとしてしまったが、しゃべりまくっても全然いやみを感じさせなかった。

次に2番目。キアカのホテルの同室者のアルゼンチン人はピストルを持っていた。「KIOTO」の名刺を会ったとたんにくれた。裏側に彼の氏名・住所入り。18日夜は彼は遊びに出ていった。19日朝起きたら、彼は空手の練習をしていた。私が起きるや、空手、柔道、それから日本のことなどを問をおかずに話し続ける。とうとう私が出発する直前まで話し続けていた。楽しそう。彼のお父さんはスペイン人、お母さんはトルコ人で、ふたりはアルゼンチンで知り合ったのだそうだ。彼はキアカに生まれて、現在25歳、高校卒業後先生になるため2年間学んだが、安月給なのでやめてピストルを使う仕事に就いた。今は無職だそうだ。アルゼンチン音楽のレコードを買いたいといったら、音楽家の名前を書いてくれた。

3番目が、すでに書いたキアカからフフイまでのバスのサービス係のことである。以上だが、その他気がついたのは、私のスペイン語がよくきき返される。ここの発音が他の場所とは違うのか、それとも私が疲れていて、発音が曖昧になっているだけなのか、よく分からない。また、小さな町のせいか、盛んにチノといわれる。

ハンドブックに、安いペンションが書かれていた。週決めだと思うが、18000ペソというのは安い。食事が1回600ペソ。

フフイに着いた19日から翌20日(火曜日)にかけて、ブエノスアイレスまでどうやっていくかいろいろ考えた。バスだと60~70ドルぐらい、列車の1等が45ドル、飛行機なら110ドル。時間も考えたら飛行機が一番安いと思われるが、結局列車の寝台に決めた。9万9700ペソだから100ドルで、飛行機とほとんどかわらない。出発は20日夜と決めた。

なぜ列車の寝台にしたのか、一番の理由は、疲れていて、あちこちで降りずに寝たまま着けるのがいいと思ったからである。安くはないが、ケチってお金を余すより、必要だと思う分は使って、なくなりそうになったらパッと帰国する方が私の趣味にかなう。飛行機も考えては見たが、わざわざ空港まで行くのがバカらしいやら、面倒くさいやら。なにしろホテルのすぐそばに鉄道駅があるんですからね。

それに、ブエノスアイレスに入るまでに少々休息と、考える時間がほしかった。

風邪は治りかけていて、青いハナがすぐつまり、たんが出る状態だった。低地に降りたので、暑くて、セーターなどをリュックに入れると重くてかなわない。

これから帰国までの動き方を決めたかったし、あと、やっぱりA女と別れたあとの興奮が残っていて、彼女のことを考えるのはとても楽しかったのだが、ついつい考えすぎて興奮してしまう。したがってよく眠れず疲れてしまうのだった。

20日は、朝銀行で150ドルのチェックを両替してから、鉄道駅真ん前の安ホテルに移って(8000ペソ)、昼前、列車の切符を買いに行った。

フフイの街の中で真っ先に気づいたのは白衣の女性が多いことである。特に若い女性、女学生ぐらいの娘さんたちはなべて白衣である。

それから、キアカに入って、トイレの便器の形が前後逆になる。つまり、出したものは穴に落ちるのではなくいったんたまってそれを流す形である。

人々の肌の色は白が多い。白人の国という印象。白人でない人もかなりいるが、彼らの働く場所は賃金が一番安いところみたいである。だから安食堂にいくと働いているのはみんな白人でない人。

フフイ駅前の安ホテルの、雑用係のお姉さんはボリビアのサンタクルス出身だそうだ。そうすると、白人でない人たちってのは、アルゼンチン人ではなく移民なのかもしれない。日本移民も、ブラジルとは違って、アルゼンチンでは花屋と洗濯屋にしかなれなかった。ハポネスと書いた洗濯屋がフフイにもある。

地べたに座っているような乞食は見かけない。文明国ってことだろうか。

寿里先生担当のNHKテレビのスペイン語講座をみて、アルゼンチンって男の国、というイメージをあらかじめ持っていたのだが、感じでは女の方が幅をきかせている。

お昼に歩いてみただけの印象では町はそれほど活発とは思えなかった。動きはだるそうに見えたが、それは私自身がだるかったせいかもしれない。本屋は多い。それも、私の知っている著者の翻訳物が多い。だからヨーロッパの感じである。本の値段は、これまで見てきた国々よりちょっと高い。

夕方までホテルのベッドで横になっていた。夜8時前に、前にも行った食堂に夕食を食べにいくと、顔見知りの青年がいた。グスマン君。彼の友人も来て、3人で一緒に食べた。グスマン君はアルゼンチン中央部のコルドバ出身で、近くラパスに働きに行くとのこと。空手をやっているそうで、細身であるが、頑丈そうだった。

彼の友人はコロンビア人で、働くためにアルゼンチンに来て、明朝の列車でブエノスアイレスに向かうのだそうだ。

もう必要のなくなったハンドブックのボリビアの部分をグスマン君にあげようと思いふたりをホ

テルに誘った。グスマン君には漫画とラパスの地図、コロンビア人の友人にはメデジンの地図をあげた。彼は私が持っていたコロンビアの学校の歴史と地理の教科書を熱心に見ていた。

じきに夜の10時になったので、リュックをかついで、3人で駅に行った。列車はすでに入線していたが、寝台はついていなかった。寝台は次の駅で接続されるとのことなので、1等車に乗った。

列車は10時35分に出発したが、今度はプラニェス君という無賃乗車の青年と顔見知りになった。ちょっとで次の駅について、寝台に移る。プラニェス君は21歳。家出したらしく、サルタの家に帰るところだそうで、フフイから3時間ほどだそうだ。ショウコというハポネサの友達がいるそうだ。

寝台は4人のコンパートメントで、私は下だった。向かいは見たところ父子のようで、1等車ですでに顔見知りになっていた。私の上のベッドは金髪の軍人。すぐに寝た。

21日（水曜日）、10時頃起きて、上の軍人と一緒に食堂車に行って食べる。カフェとトーストが1500ペソ。軍人さんの話はあまり聞き取れなかった。

食後2等車に行ってみたら、プラニェス君はもういなかった。1等車の座席に座って午後2時頃までボーッとしていた。途中の停車駅でリンゴを三つ買って全部食べてから寝台に戻った。

夕方までまた寝た。蒸し暑いのでまた1等車に出てきた。人のいない席がなかったので青年の隣に座った。彼はチリ国境に近いメンドサで働いているそうだ。野菜の選別が仕事。日本のことを盛んに質問してきたが、私は彼からも、日本と中国は別の国なのかときかれた。

夜の10時半、軍人が降りていって、かわりに老人が乗ってくる。万事に文句をつけてうるさい。

向かいベッドの父子も、車掌も迷惑そうである。

夜11時過ぎに寝た。

22日（木曜日）、朝8時40分頃起きる。列車は3時間ぐらい遅れている。食堂車で食べる。午前11時30分にブエノスアイレスのレティロ駅に着いた。

列車で動いたのに、風景は全然記憶に残っていない。

どこから乗った人だったのか記憶がないが、同じコンパートメントのおじさんから一緒に来ないかと誘われる。安いホテルに行くというのでついていくことにする。ネクタイを締めてちゃんとした身なりなので、「安い」というのがかなり高いんじゃないかとも思う。でも、一緒の部屋だったら半額だから、1人部屋より安いのは間違いないだろう。

地下鉄でコンスティトゥーシオン駅まで行って、そこからかなり歩く。ホテル・ファミリアール。「ファミリアール」とは皮肉だ。1人でしばらく待っていると満員だそう。コンスティトゥーシオン駅まで戻って、今度はバスでちょっと行って、それから歩く。オベリスクの近くに出る。ホテル・サンロマン。6時に空室ができるというのでそれまで待つことになる。2人でグリルに行ってカレー味のご飯にソーセージ、サラダ、それにコーラで4000ペソ。おじさんと別れて銀行に行き400ドル両替。レートはよかったが、手数料（コミッション）が高くてちょっと損した感じ。43万ペソあまり来た。銀行を出て航空会社にでも行こうかと思っていたら、またおじさんに会った。おじさんはボタンを落としたとかで、さっき食べたグリルに行くとボタンはあった。雨がひどいので、グリルでコーヒーとケーキを食べて雨宿り。サルタ出身の、おじさんの友達がいた。おじさんは45歳だそうだ。

6時過ぎにホテル・サンロマンにいくと、空室はできなかったので、おじさんの友達が教えてくれたホテル・アウスメンディに行く。6000ペソの半分で3000ペソ。大変安い。

部屋はとても大きかった。ちょっと休んでから一緒に散歩に出る。

バスでタンゴの発祥地のボカに行く。それからサルタ出身のおじさんの友達の家にいったが留守だったので、ボカに戻り、地下鉄でホテルに帰る。地下鉄の中で日本人の老夫婦に出会った。

こうやってメモを見て書きながら、全然知らない赤の他人のおじさんと一緒に泊まったことを思い出して、大胆だなあと驚いた。でも、アルゼンチンに入って以来、すぐに友達ができてしまうのだった。自然に話が始まって、ごく当たり前に一緒に動くことになった。今もこんなふうなのかどうか分からないが、すごい。

23日（金曜日）、朝9時前に「もう起きなさい」とおじさんに言われて起きる。

洗面のあと宮本旅行社に行く。日本人の顔のおばあちゃんが対応してくれて、全部日本語でOKだった。ブラジルのビザは簡単にとれるそうで、その手続きも代行してくれるとのことなので、リオ経由でロサンゼルスに戻ることにした。代金は688ドル50セントだった。出発は26日（月曜日）で、ペルーのリマ経由である。だからマナウスは見れない。この便は東京までまっすぐいくJALだったので、ちょっと恨めしかった。その頃は、私はとにかく米国嫌悪症で、米国はできるだけ短い時間で切り上げたかった。ロサンゼルスに着いたらすぐにでも中華航空の予約を取って、当日中にでも日本に向かおうと思っていた。そしてそれを実行した。

ホテルに戻るとおじさんは不在だった。午後3時頃、宮本旅行社から電話があり、ビザ申請に写真がもう1枚必要とのことなので、渡してくる。

再度ホテルに戻るとおじさんがいて、これから出発だそうだ。何でも、耳が痛いのでコルドバの病院に行くとか。一緒に泊まっての私の勝手な推測だが、おじさんは統合失調症か何かの、一種の精神病ではないか。これもたんなる勘だが、アルゼンチンにはそういうタイプの精神病は多いのかもしれない。おじさんと話していて知識人だとは思った。おじさん本人は医者だと言っていたのだが、真偽は不明である。

夜8時の列車でコルドバに行くということなので、一緒に出て、レコード屋に行った。私はカセット、おじさんは同じ内容のレコード盤を選び、おじさんはお金を持っていないらしいので、代金は私が両方とも払った。昨日食べたグリルで一緒に食べてから別れた。おじさんが実際にコルドバに行ったのかどうか、大変疑わしい。というのは、切符を見せてくれといっても見せてくれなかったし、8時という出発時刻を気にしているようには全然見えなかったからである。

おじさんが発ってからは、ホテルの部屋に他の人は入って来ず、ずっと私ひとりだった。

24日(土曜日)、ホテルのそばの地下鉄駅はコンスティトゥーシオン駅の隣のモレノ駅だったが、そこから地下鉄でプラサ・ミゼリアに行った。この公園脇からブラジル行きのバスが出ているので、飛行機はキャンセルしてバスで行ったらどうかと考えたのである。しかし、きいてみたらリオに着くまでに50時間かかる。まる2日も乗っていたら疲れるだろう。それに、ここにある会社のバスは朝3時半にリオに到着だそうなので、それも困る。そういうことで、飛行機で行くことに最終的に決めた。

港を見ようと思って、地下鉄でプラサ・デ・マヨに行き、第三ドック脇から海岸に出た。泥のような茶色の海で、さえない。でも、やっぱり海はいい。しばらく腰掛けて眺めていた。

それから、ボカをもう一度見ておこうと思ってバスに乗る。行き先をきかれたので、分からないというと250ペソの切符をくれた。バスははじめ海岸沿いを走った。ボカらしい色とりどりの家も確かに見えた。もうちょっと、もうちょっと、と思いながら乗っていたらバカに広い通りに出た。そのまま30分ぐらいも乗っていたら疲れたので降りた。地図を出してみたら、どうも地図の枠外まで来てしまったようだ。帰りはコンスティトゥーシオン行きのバスに乗って帰ってきた。

これからブラジルと決まったので、ポルトガル語を勉強し始めた。

25日(日曜日)、昼間は洗濯をしたり荷物の整理をしていた。夕方、日曜日で、駅しか食べる場所がないためコンスティトゥーシオンへ行こうとモレノ駅に行く。すると目の前にサングラスをはずしながら男の人がニコニコして立っている。キアカのホテルで同室者だった、「KIOTO」の名刺の人だった。

「なんて偶然!」

思わず口に出た。彼は昨日ブエノスアイレスに着いたそうだ。これからサンカルロス・デ・バリローチェ（ブエノスアイレスから南西方向のチリとの国境近く）の家に帰るところだそうである。夕方6時発の列車だというので、駅のホームまで送っていった。

ホテルに戻って夜9時頃荷物の整理を終わった。

これでスペイン語圏の旅も終わりである。頭がしびれて時間感覚がつかめなくなっているのか、長いとも短いとも感じなかった。スペイン語の旅という以上にカネと職業の持つ重みについて十分、分からされた。いろんな人にあったが、中でもA女のことはその後もいろいろ考えてメモがいくつか残っている。

26日(月曜日)、ヨガの練習をしていたら窓ガラスを壊してしまったので、掃除婦にそのことを言うと、壊れた場所を見てからフロントに行って、3000ペソということになった。妥当な値段だと思った。

飛行機は夕方発の予定だったので、昼間はずっと外を歩いていた。家に手紙を書いて中央郵便局から投函した。スタンドで『ドンキホーテ』を売っていたので買った。4分冊になっていたので前編の2冊だけ買った。1700ペソ×2。それから空港バス乗り場に荷物を預け、中心部で本屋を見て回った。その後バスで空港に行く。

16時20分発予定のヴァリグは、実際には午後7時に飛んだ。夜9時半頃リオに着いた。機内の食事は、肉が生煮えと思われたので食べなかった。

イミグレーションは黙ったままですんだ。税関も、リュックの上の方をごちゃごちゃっと見ただけで簡単。ただ、私のパスポートを見て、係の4、5人で大笑いしていた。

バスはもうないそうなので（タクシーの運転手がそういうのだから疑わしいが）、タクシーにする。400というので高いと言ったら300というので、それで行った。あとでメーターより50クルゼイログらいボラれていたことが分かった。当時のブラジルの通貨はクルゼイロで、1ドルが25クルゼイロほどだった。

タクシーの運転手が連れていってくれたのがマラジョーというホテルだった。あたりの感じはゴミゴミしているが、ホテル自体はバカに立派だった。タクシーの運転手にきくと1泊500クルゼイロと。冗談じゃない。500といえば20ドルじゃないか。高いといっていたら、ホテルの管理人がやってきて、200いくらというので、じゃと決める。前払いじゃなく後払い。このホテルはハンドブックにも載っていて、16ドルとなっていた。

ホテルのベッドはまんまるだった。ただし回転式ではない。大きな鏡があった。ピンクを基調にした色合いだったのをおぼえている。

27日（火曜日）、9時過ぎに目がさめる。朝食は9時半までとのことだったので、あわてて食べにいくのも面倒で、ゆっくり起きた。10時半頃出て、大通りに出る。リオブランコ通りを尋ねると、若い男の人が連れていってくれた。サンドイッチとオレンジジュースで朝食後、ヴァリグで明日の飛行機の予約をする。

泊まっているホテルの方に戻ってきて、近くのホテルをあたってみたが、安いところはどこも満員のようである。明日はもう出発なので、移らないことにした。

郵便局で、東京の母と、キアカとブエノスアイレスで会った人に絵葉書を出した。受付の若い女性が浮き浮きした調子で、彼女自身の名前とAMOR（愛）を日本語で書いてくれという。

昼は、レストランに入ってフェイジョアーダを注文した。ひどくまずかった。一緒に来たスープもまずくて、どちらも残した。

帰り道、ニンジンジュースを立ち飲みしたが、これもまずい。メキシコみたいにジューサーを使うのではなく、ミキサーで混ぜるだけだから。

リオブランコの脇道に入って、本屋に行くと愛読書『我が秘密の生涯』の英語版があったので買う。112クルゼイロ。

ホテル近くの公園で休む。近くで働いていて、中休み中だという、黒人のおにいさんと夕方までスペイン語とポルトガル語のチャンポンで話した。ファベーラの場所をきくと、公園の近くで買った地図にしるしをつけてくれた。しかし、危険なので行くのはやめなさいといわれる。

ホテル前の店でピッツアをファンタを飲みながら食べてから戻る。もう6時半になっていた。明日の飛行機で、いよいよいやな米国に入るので、よけいな神経を使わなくてすむように準備しようと思う。リオの街を歩いてみると、女の人がきれいである。下駄みたいなサンダルを履いた人が多く、歩き方が上手。男はうつむき加減の人が多く、みんな貧乏くさい。ポルトガル語はスペイン語とは相当感じが違うことも分かった。ききとりにくい。

28日(水曜日)、朝8時に起きて9時に準備を終える。朝食はコーヒーとパンとジュース。コーヒーがうまかった。10時にチェックアウト。荷物を預けて外に出る。眠いので、近くの公園のベンチに座ってじっとしている。ネコが枯葉の山の中で遊んでいた。午後1時半頃まで『我が秘密の生涯』を読む。非常に面白い。昼食後また同じ公園に戻ってきて昼寝する。夕方4時にリオブランコ通りに出たが、何も買わずにホテルに戻り、荷物を持ってから、ちょうど人を降ろしたタクシーで空港に行く。

夜9時過ぎ機内に入った。機内で夕食後ちょっと寝る。ペルー時間で午前1時にリマに着く。1時間後に今度は米国に向け出発。隣に座った男性は31歳のノルウェー人の船員で、コペンハーゲンに行くそうだ。

29日(木曜日)、米国の西部時間で朝7時半にロサンゼルスに着いた。イミグレーションは簡単だった。滞在は1週間の予定と言ったら10日間くれた。税関も問題なし。

リュックをロッカーに入れてから、朝9時まで待って、中華航空でこの日の便を予約する。それから空港バスでダウンタウンに行く。バスターミナルでホットドッグと牛乳を食べてからぶらつきに出ると公共図書館があった。安部公房の『内なる辺境』があったので読む。メキシコ料理店で食べてから、バスで空港に戻り。夕方6時半にチェックイン。

30日(金曜日)にホノルルを経て、31日(土曜日)朝7時40分に羽田空港に着いた。初めてのラテンアメリカ旅行がこれで終わった。

第5章　沖縄に住むまで

（3）　週刊 ほ〜むぷらざ　第254号（1992年2月20日）

県外出身者が語る

沖縄雑感 (75)

港としての沖縄

弁護士
組原　洋

県外出身者と言われれば確かにその通りで、私は鳥取市に生まれ、松江や岡山や東京などに住み、初めて沖縄に来たのが一九七九年四月末である。それからもうじき十三年になろうとしているが、その間も仕事の関係で沖縄を留守にすることが多く、出たり入ったりしている。

ブラジルで移民の方から、「十年経つまでは日本の夢を見たけど、十年を過ぎたら見なくなった」と聞いたことがある。実際そういう感じは私にもあって、最近は東京というのがよく分からなくなっている。という以上にいろいろ不便が多く、沖縄が住みやすいところだということはよく承知している。

しかし、その住みやすさというのも、例えば煩わしい親戚づきあいから免除されているといった、よそ者の特権に由来することが多いように、私個人としては感じている。

本土のどこかに十三年住んで、ことさらに県外出身者であるということが問題にされることはあまりないのではないかと思われる。

例えば、宮古から本島に来てもう何代目かになる人も「宮古出身者」と分類することがあるようで（当の本人が望まなくても）、したがって、郷友会も隆盛のようである。私はそういう状況を特に批判すべき立場にはなく、むしろそういう状態だから私のようなものもひっそりと紛れ込めるというメリットの方をありがたく感じてきたものである。

だから、港なのである。そして、なかなかいい港であり、うっかり「沈没」してしまったという次第なのである。現在、妻の父（妻も、妻の父も県内出身者である）の家に居候しているが、最近、本が室内に入りきらなくなってしまった。妻の父は、屋上の物置を書庫に改造してくれた。その書庫の窓から空が見える。ぼーっとそれを眺めながら、船長室にいるような気がしてきた。

（鳥取県出身）

（『週刊ほーむぷらざ』1992年2月20日、タイムス住宅新聞社）

沖縄に行くことになったのは、ラテンアメリカ旅行中に沖縄出身者に会って、その故郷を訪問したいと思ったから、と現在言っている。それはウソではない。しかし、昨夜沖縄に住むようになるまでの記録を読んで、すぐに沖縄に行こうと決めたのは、ラテンアメリカ旅行中に一緒に旅をした日本人女性のA女に、「沖縄に行く」と言ったことが直接の理由のようだと分かった。前章に書いたように、彼女はB女と一緒だった。ふたりは、メキシコ国立大学で2年間スペイン語を勉強して、帰国前にラテンアメリカ旅行をしていたのである。このふたりと顔見知りだった日本人男性のMさんも一緒に、クスコからラパスまで一緒だった。ラパスに滞在中は4人で一緒に歩き、一緒に食べた。そして、私は一番先に、ラパスからアルゼンチン国境までの列車に乗って彼らと別れた。彼女たちが見送りに来てくれて、彼女と日本での再会を約した。彼女は私が帰国したちょっと後の4月7日に成田に帰ってきた。

なお、アルゼンチンに入ってからバスで着いたのはフフイという町だったが、2008年に行ったブエノスアイレスの沖縄県人会の最寄りの駅が地下鉄フフイ駅だったので、とても懐かしかった。

彼女に、沖縄に行くとはっきり言ったので、行くことに決めた。旅行で行くのではなく、住むためで、それならば弁護士登録するしかない。どういう風にアクセスするかと考えているときに、母が、父のかつて鳥取にいたときの同僚が那覇で裁判官をしていたことと、今は東京にいるということを教えてくれて、私はその裁判官に会うことになった。母は積極的に話を作ってくれた。息子の就職に期待しているようだった。

沖縄に行く1週間ほど前にその裁判官に会った。具体的な名前を出して、いろいろな事務所の評判等を話してくれた。当時の沖縄は、万事、保守と革新にわかれていた。どちらがいいか、と聞かれて、私は特定の政治的な立場は持っていなかったが、多分にイメージ的なもので革新と答えた。二つの事務所を紹介してくれたが、そのうちの一つが、東大出の弁護士が運営しているということで、同窓になるからこちらの方がよかろうということになった。その事務所で働いている弁護士に会ってみるようにと言われた。

こうして、1979年4月24日に初めて沖縄に行った。空港から出るとまず、日差しが強いのにビックリした。気温は25度、湿度は80%。すぐに汗ばむ。空港の煙草販売機に、初めてみる煙草が二つか三つあった。空港の前のベンチに乞食みたいなおじいちゃんが寝ていた。

バスで市内に行って、保健所前で降りた。事務所を探すとも探さないともなく歩いていった。最初にホテルを決めるつもりだったのだが、すぐに事務所のある町に入ったので、事務所探しが主になった。途中、食堂で、500円の定食を食べた。立派なものだった。それから事務所を探したのだが、番地の表示がないためなかなか見つからなくて、結局交番できいた。

事務所に着いたときにはもう3時になっていた。受付できいたら、会おうとしている弁護士はもう沖縄から大阪に移ったが、たまたま今日、事件があって沖縄に来ているという。「運がいいな」というと、受付嬢もうなずいた。

この弁護士は30分ほどで帰るというので、その間にまず、事務所探しの際に見つけたビジネスホテルに行って、泊まることに決め、背広に着替えてからまた事務所に行った。

この弁護士はもうじき大阪に帰るということで、若い弁護士2人が応対してくれた。感じでは、会いに来た弁護士が抜けて忙しいので、私を歓迎してくれているようだった。事務所の代表者は留守だったので、翌日もう一度行くことになり、ちょうど出たばかりという事務所の10周年記念文集をもらった。

翌日、代表者に会って話をし、その翌日にもう一度行って、私はこの事務所の客員弁護士になることに決まった。その際に、客員で所員よりは給料が安いので、それを埋める意味で、沖縄大学で刑法を教えないかといわれ、これもOKした。後で分かったことだが、この事務所の代表者が沖縄大学の理事だった。このように話が決まってから、一度東京に戻った。

いろいろ準備をして、5月に入ってから沖縄に行った。最初は、姉の夫の姉の夫、つまり義理のきょうだいが沖縄の人で、この方のお兄さんが那覇に住んでいるということなので、アパートが決まるまでの3、4日置いてもらった。ちょうどその家のおばあさんが危ない状態で、結局6月の慰霊の日の直前に亡くなったのだが、いやな顔をしないで快く私を置いてくれた。そして、すぐにアパート探しをしてくれて、事務所からすぐのところに入居したのが5月5日だった。

今考えると、運もよかったし、皆協力的だった。記録をみると、沖縄に行ったときに40万円も持っていたのだが、多くは母が出してくれたのではなかったかと思う。

何で沖縄に住みたかったのだろうか。よく分からない。東京にいたくないというのが大きかったような気がする。

仕事には徐々に慣れた。共同事務所なので、事件を1人で処理するということは原則としてなく、法廷にもだいたい2人で行った。だから、全然困らなかった。依頼者の話をもとに書面を起案するのは、私はうまいようで、事務所の弁護士たちからほめられた。だんだんと、事務所中の事件に関与するようになっていって、忙しくなっていった。公判の前夜など徹夜することも珍しくなかった。当時はパソコンのような便利なものはなく、弁護士の手書きの原稿をタイピストがタイプ用紙に打ち込んでいた。朝方になって書面ができあがると私はアパートに眠りに帰り、法廷には別の弁護士に行ってもらった。まだ本土復帰してから10年は経っていない時期だったので、復帰にまつわるさまざまな事件があって面白かった。

男性の事務局長も親切で、あれこれ面倒をみてくれた。仕事の合間に、あちこち車で連れて行ってくれた。それで沖縄の様子が少しずつ分かるようになった。彼は、休みの日には釣りに連れて行ってくれたりした。

アパートは、6畳2間に広い台所だったが、何しろ荷物というものがない。入居する際に沖縄の親戚と一緒に買った布団ぐらい。ちょっとして食卓を買ったが、いすはセットになったものの座り心地が悪く買わなかった。ジャーの入っていた箱に本を詰めてふたをし、その上に布団を畳んで置いて座った。冷蔵庫は事務局長が中古品を見つけてきてくれた。競売に出たものだった。これだけなので、何もないのと同然だった。

このアパートの家主のおばあさんは方言だけしかしゃべらなかった。日本語は全く通じなかった。おばあさんの息子が時々訪ねてきていたが、その話では、おばあさんは昔ジュリだったのだそうである。辻の芸者である。私はこのおばあさんから気に入られて、毎朝仕事に行く前に顔を出して挨拶すると、いつでも食べ物をくれた。言葉が全然通じないのに、調子がよかった。沖縄に行く前に、友達からは、沖縄では英語が話されていると言われてきたのだが。

こうして落ち着き始めていたところに、5月末、ペルーとボリビアで一緒だったA女がいきなり沖縄にやってきた。宮古への出張から帰ってきたところに那覇市内から彼女が出した手紙が届いていて、何でも名護に親戚だか知り合いだかがいて、その人を訪ねてきたのだそうだった。電話をしてから、泊まっている民宿に会いに行った。

「仕事が終わったところで誰もいないけど、事務所を見てみる?」

「もういいの。どうしても、あなたが本当に弁護士だなんて信じられなかったから」

そうでしょう。私自身も、こんなにスムーズにいくとは思ってもいなかった。

最初に沖縄に来たときに食べた食堂で一緒に定食を食べてから、アパートに誘ったら、すぐに首を縦に振った。彼女はアパートが気に入ったみたいだった。何もないのがいいという。午前1時頃までしゃべってから民宿まで送っていった。

翌日は仕事は休みで、昼前、食事の準備をしているところに彼女がやってきた。あまりしゃべらず、私の話を聞いていた。思い詰めたような表情だった。だいたい察しはついた。

「今決めて」

考える。どうしていいか分からない。

「分からないものは分からない。それでダメだったらダメでいい」

結局夜遅くまでいてから彼女は帰っていった。これまで私が受け取った彼女の手紙を、彼女はみんな持っていった。


私が決められなかったのは、妻となった比嘉洋子ともうつきあっていたからである。

比嘉洋子とは、事務所で働き始めた当初から会っていた。彼女は地元の経済開発関係の研究所で文献管理の仕事をしていたのだが、沖縄海洋博後の不況のあおりを食ってこの研究所はつぶれ、彼女は当時失職中だった。そのため、バイトの形で事務所に、毎日ではないが来て、蔵書整理の仕事をしていた。彼女が事務所の床に座り込んで作業をしている姿を見て新鮮なものを感じた。

働きだしてすぐに事務所代表の誕生パーティーがあり、彼女も来ていた。最初の頃どんな話をしたのかおぼえていない。事務所では他人行儀な話しかしたことはなかった。何しろ、2年後に娘が生まれた時でさえ、私が父親だと知っている人は身内以外にほとんどいない状態だったから。特に隠れてやったという意識はないのに、われわれの関係は見えない状態で続いた。すぐに噂が広まる沖縄ではちょっと珍しい。

働き始めてちょっとして、ピザハウスに連れていってもらったときのことはおぼえている。これが初デートだろう。ピザハウスというのは、沖縄では有名な店だが、当時本店が宜野湾市の大山にあった。もと米国領事館があった建物だった。彼女は、どこに行くとはあらかじめ告げずに、バスで連れて行ってくれた。そしてサラダとピザを注文して食べたのだが、サラダだけでもお腹が一杯になるぐらいの分量だった。帰りは、しばらく那覇の方向に向かって歩いた。途中で大きなスーパーに入ってちょっと買い物したが、その時、彼女の知り合いがいたようで、彼女は隠れるようにして出た。何しろ沖縄というのは本当に狭いのである。

「比嘉洋子との生活」は1979年8月22日に書き始めている。それ以前から、彼女は私のアパートに泊まりに来るようになっていたようである。というのは、毎晩来ると彼女は宣言し、それを実行したらしいから。

その日は沖縄に台風が接近していた。沖縄に来てから台風にぶつかったのはこれが二度目である。前夜ラジオをきいていて分かった。新聞を読まないから、ほかに情報源がない。その日の朝10時からコザの裁判所で法廷があることになっていた。目ざましで起きると、彼女はもう起きていて、台所で何かやっていた。起きあがってみると、ゴーヤーのジュースを作っていたのだった。台風はどうなったのか、それを、ご飯を食べながらきくと、もうすぐ本島に上陸なんだそうで、9時になったらもう出られないという。ヘェと思いながら外を見ると、風がちょっとあるだけで、別に出られないって感じじゃない。自動車がフッ飛ぶということを前にきいたことがあるが、こんなんでフッ飛ぶのかと思いながら、またふとんでボーッとねころぶ。とにかく事務所に行ってみることにして、9時前に彼女を残して出た。

事務所の外の入口も閉まっていた。ちょっとして事務の人たちがやってきて、コザでの公判もバスが走っていない―とラジオでもいっていた―から延期にしようということになった。私は、事務の女性と「スーパーマン」という映画を見に行った。こんなのに行くことになろうとは予想もしていなかった。映画館を出るとき、裁判所の書記官に会った。2時にアパートに帰って、昼寝して、4時に事務所に行ってみるとだれもいなかった。私の感じでは休むなんて大げさみたいに思われたが、要するに、いったん休みということになったら暗黙の公休日になるらしい。店は大部分閉まっている。買物もできないので、アパートに戻ってきた。

その日の夕方彼女はやってきた。彼女は、生理不順で病院に通っているのだそうで、交わることは許してくれなかった。台風がひどくなってきたので彼女は泊まった。

23日、起きるとひどい風だった。彼女は、きっと事務所は休みだという。ラジオをきくとバスもとまっている。

昼過ぎに雨があがったので、彼女と散歩に出る。店はほとんど閉まっていて、食堂がない。市場でやっと開いている喫茶店をみつけ、沖縄ソバとチーズサンドを食べた。そのあとまた歩いて帰ってきて、彼女の家の前でいったん別れた。私のアパートと同じ町内ですぐそばである。事務所にいくと誰もいなかったので、アパートに戻って、近く公判予定の事件の記録を読んでいた。

夕方まだ早い頃、彼女がやってきた。彼女に太宰治の『お伽草子』を見せてやると読み出した。私は、事件記録をメモする。そのうち彼女は、ふとんの上で眠りはじめた。ちょっと寝て、また起きる。彼女にヘチマチャンプルーの作り方を教えてもらった。材料は彼女が持ってきてくれた。

彼女はこれから就職口を頼むところだそうで、そのための履歴書を見せてくれた。昭和17年11月10日生まれで、つまり37歳である。まだ誕生日が来ていないから、36か。履歴書には、テキサスに留学していたことも書かれていた。沖縄でいわゆる米留である。もっと読もうとしたら彼女に取られてしまって、十分読むことができなかった。12時15分に彼女は帰った。送っていく。

なぜこんなに早く親しくなったのだろうか。彼女の話では、私の耳がとおいからである。彼女に図書館に連れていってもらったとき、耳がとおいから顔を近づけなきゃならない、だから親密になるな、と冗談を言ったことがあったので、ハアこのことかと思ったら、そうじゃなくて、連絡が取れないということだった。つまり、事務所には電話するわけにはいかないし、かといって、アパートには電話をつけていない。だから、連絡を取るにはどうしても会わなきゃならないわけだ。

「毎晩来たい」と彼女自ら言ったときは誇張だと思ったのだが、本当みたいである。二度目にアパートに来たとき怒った顔で不公平だと彼女は言った。というのは、私は居留守を使えばもう会わないですむのに、彼女の方はそれに対して何も言えないというわけだ。その次の日、合鍵を二つつくった。その一つを渡した。その次の日に、その合鍵をなくしたらしいという。で、二つ目のも渡した。台風の間に、なくしたらしかったのが出てきたようで、二つ見せてくれた。彼女が二つ持つことになった。

23日に初めて、アパートのおばあちゃんは、彼女と私が一緒なのを見た。小指を立てたら大笑いした。おばあちゃんと彼女はもとから顔見知りだったそうである。彼女は那覇の方言が達者に話せたから、何を言っているのか通訳してもらうことができるようになった。こういう調子だと、やがて次は彼女の両親に会いにいくことになるんだろう。顔はすでにもう見ていた。ただその時お互いに誰だか知らなかった。台風で室内に閉じ込められている間に体がまず、なじんでしまった。

8月25日、夕方6時半に洋子の家へ行った。彼女は玄関口に腰かけていた。黄色いゆかたに赤い帯をしている。衿をもっと出せばいいのになと思った。前をあけるようにしたほうがかわいらしい。

テレビの前にお父さんがいた。中へと招いてくれたが、彼女の脇に腰かける。盆踊りで孫が4人来ていて、にぎやかだ。両目に穴のあいたお面のおもちゃをつけて遊んでいた。めがねをみせてくれと男の子が言う。お母さんが帰ってきて、私の名前をきく。洋子はじきに台所に立った。お父さんが中へ招いてくれたので、テレビの前に座る。椅子に上のお兄さんが座っていた。洋子は子どもたちにご飯の用意をする。お兄さんが立ったときびっこをひいているのに気づいた。脳卒中の後遺症だろう。お父さんは落ち着かないようで、あちこち動く。お母さんはお風呂を浴びたようである。ジュースを持ってきてくれたので飲んで、それから洋子と出る。那覇高校のあたりから折れて細道を登っていくと、高台に境内があった。ベンチに腰かけて座って休んでから盆踊りをやっているところに行った。串刺しソーセージを買って食べる。踊りの輪をグルッとまわっていると、洋子の家族にぶつかった。ビニールを敷いて座っていて、われわれも加わる。洋子の座り方がしゃんとしているのに感心する。並んで座った2人を、3人の子どもが冷やかす。綿菓子を子どもたちからわけてもらう。そうそう、洋子の下の弟がきて、われわれをカメラでとった。それから、上の弟の奥さんも、肌のまっ白い子を連れてやってきた。お父さんは、踊りの合間のノド自慢の審査委員長をやるのだそうだ。ふたりで先に引き上げ、喫茶店に行って、私は焼きうどん、洋子はサケ茶づけを食べてから、いったん彼女の家の前で別れた。彼女は着替えてアパートにやってきた。

その頃彼女はよく泣いた。この晩も泣いた。でも、その後すぐまた元気になるのである。なんで泣くのか分からなかった。旅を繰り返してきた私がふらふらして見えたのだろうか。遊んでいるだけとしか見えなかったのだろうか。彼女自身は、涙が自然に出てくるのであって、泣くつもりなんかないという。そんなことがあるのだろうか？　とにかくふたりでいるときは大変な泣き上戸だった。

その晩は、翌朝私がマラソンをできるようにと、彼女は12時過ぎに帰った。私は、毎朝ジョギングをするようになっていた。国際通りを安里の端まで走っていって、また戻ってくるのである。沖縄で弁護士の仕事を始めてみると、本当に飲む機会が多い。酒席は周りがやかましくて聞きにくいので、私は、飲まなくてもよければ飲まない方を選んだが、それでも飲まざるを得ない機会が多く、体を維持するにはアルコールを抜く以外に方法はないと思った。

彼女はお母さんから、「トシシタの男じゃ苦労するからいけない」と言われたのだそうだ。お父さんは「やったらいい」と言ったそうだ。彼女によれば、お母さんの真意は、私がヤマトンチュだから、娘が遠いところに行っちゃうんじゃないかと心配しているんだそうだ。私の生地が鳥取なので、鳥取は寒いヨ、なんて言いもしたんだそうである。彼女は父母の意見を気にはしていないというが、実際はこれはかなり影響していたのではないだろうか。台風の時からノートに記録するようになり、それも彼女の不安の種のようだった。見せながら書いていたので、内容についてはいろいろと彼女は意見を言った。私の方が後に残ってこのノートを再読することになるとは予想外だった。こうして書いていることを彼女は許してくれるだろうか。

9月に入っても同じような調子で続いた。

6日の夕方6時過ぎに彼女と豊見城《とみぐすく》に行った。彼女の父の孫の家である。彼女の父は再婚で、お盆で会った息子たちは後の結婚でできた子どもたちだが、その前に、先の結婚でできた長男がいたところ、その人は戦死したので、戦死した人の子、つまり彼女の父から見れば孫が当時は祭祀承継予定者ということになっていた。

その家に着くと、彼女のお父さんがサトウキビを切ってくれた。ちょっとしておマツリが始まった。あの世の紙幣を焼いた。サトウキビ2本のお供えは、杖だそうである。酒。あとは、食事。子どもたちの花火。それが終わってから、彼女とまっさきに帰った。

お父さんが、沖縄のお盆を見せてあげたいといって、私を呼んでくれたそうである。こんなことは家始まって以来なんだそうだ。お父さんは非常に上機嫌で、私が鶏のフライに舌なめずりする仕草をすると大笑いした。他の親戚も、盆踊りの時以来2回目になるので、そんなに緊張していないようだった。ただ、彼女は私のことについて、いろいろセンサクされたらしい。私も子どもたちから名前を尋ねられた。彼女の甥、つまり、祭祀承継予定者が、この人は洋子さんのトモダチだと説明した。

私はちょうど出張で行っていた宮古から帰ってきたところだったのだが、アパートの部屋はきれいに整頓されていた。帰ってから旅行中の日記を書いていたら、いつのまにか彼女が来ていて、私をみつめていた。彼女は鏡を持ってきた。彼女の家の斜め向かいの薬屋で家を建てなおすため片づけていて、そのため鏡をくれたということである。私がほしいと思っていた自転車はなかったそうだ。私は、自転車は出張手当で買おうと思った。その10日ぐらい後に、鏡をもらった薬屋でこたつも余っていると彼女が言う。沖縄でも冬は結構寒いので、年寄りのいる家にはこたつがあることが多かった。私は、机がわりになるし、大きな荷物にもならないので、もらうことにした。夜の9時前だったと思うが、これを取りにいった。もう彼女の家の前に置いてあった。脚や、上に置く台は家の中なので、ちょっと彼女の家の1階に入って、ぶどうとお茶をもらった。それから、彼女が脚をもち、私は本体と台を一緒にして、頭にのっけて出発した。薬屋の前におじさんが立っていて、これを見ていた。アパートに着いて、彼女がいうに、あれは薬屋の亭主だそうだが、判事さんなんだそうだ。それで、もしかしたらあっちは私を知っているかもしれないということになった。この判事さんはそれからちょっとして宮古に単身赴任し、その時に飲み過ぎたのか、体をこわして、やがて亡くなった。奥さんは気さくな人で、私と彼女の関係を知っているごく少数のひとりだった。彼女や両親と家族同然のつきあいをしているようだった。

10月18日に、私が沖縄にきてから3度目の台風がやってきた。また暴風雨波浪警報が出た。全くうれしくなっちゃった。前日、銀行に行くのが遅くなりすぎて、1000円札1枚しか手許になかったが、台風になると店は全部閉まってしまうので、最低限の食料は買っておこうと思って、パン屋に行った。はじめ、3斤のパンを手にしたのだが、これじゃあんまり大きすぎると思って、比較的小さな食パン二つと、コッペパンにした。ところが、彼女もパンをもってきた。大きな食パンだ。いつも同じものを買ってくるのね、と彼女は言った。最初はしょう油と紅茶、2度目はミカン。これで3度目だった。重なると不経済だというので、分担を決めようかとも話し合ったが、おめでたいことで、まあいいじゃないかということになった。

少し前後するが、9月24日、それまで彼女は毎日やってきていたのだが、私は少々息がつまるのを感じた。そのせいで口数は減った。

ひとりでいる時間がほしいというと、彼女は泣きだした。彼岸なので前日から泊まっていたが、昼過ぎいったん彼女の家に戻り、豆腐ともやしとゴーヤをもって帰ってきたときのことだ。別れ話だと思ったらしい。ずいぶん泣いて、それから彼女は、豊見城に行って餅をもらってくるといって、ひとりで出かけた。

その後何回か同じようなことがあってから、10月はじめに、彼女は「ルンペンしてもいいから必ず帰ってきてね」と言った。ルンペンとは、私が旅することを意味する。じっと押さえこもうというところから、彼女は転換したもののようである。私はこれを聞いて、もう別れられないナと感じた。どう転んでも、ナガイ、ナガイ関係になりそうである。子どももひょっとしたらできるかもしれない。それでいいと思った。

彼女の通っている医者は彼女に、排卵がないと言ったんだそうだ。いつからないのかわからないが、排卵がないのであれば、避妊も必要ないわけである。それは結構としかいいようがないが、彼女自身は悲しんでいる。ちゃんと子どもが産めるような体でありたいということらしい。

その頃、事務所に、オオシロという女性から電話がかかった。その前日もオオシロなる女性からかかったのだが、電話に出るともう切れていた。それで、またかと思いながらとる。きいてみると、ばあちゃんのような声で私にはよくききとれなかった。繰り返し、どちらのオオシロさんですか、と尋ねたら、あちらは「もう切ります」といって、切った。そのあと、今度はキンジョウさんから電話だという。事務局長が受けたが、きくとまた女性だそうだ。私には心当たりがない。キンジョウさんの友達が私に会いたいといい、どこのキンジョウさんですかときくと、それには答えなかったようで、ただ、キンジョウさんの友達は私を見たことがあるという。で、その友達は私に会いたいんだそうだ。用件は、私に直接でなければ言いにくいとのことである。それで、事務所に直接来てもらうことになった。

この怪電話のうち、2度目のオオシロさんは、洋子だったことがその夜わかった。オオシロという女性から電話が来たという話を彼女にしたので、オオシロになりすまして電話したのだそうだ。事務所にはオオシロという名前でかけたが、私が取り次いでからヒガといったのに、私の方はそれがききとれなくて、オオシロさんってどこのオオシロさんですかとだけきくものだから、怒って切っちゃったんだそうだ。私は彼女が電話をかけたということ自体に少々腹を立てた。たしかに、私は連絡の取りにくい人間だ。だから、彼女としては真剣だったのかもしれない。私の方は、連絡の取れない状況に慣れていて、連絡が取れないぐらいでジタバタする彼女がやや奇異にみえた。

その後、キンジョウさんは実際に事務所にきた。それによると、キンジョウさんの友達のウエハラさんが、私が仕事でいった際に私を見かけ、そして、友達になりたいと思ったらしい。ウエハラさんは法律関係の仕事をしている若い女性らしいが、キンジョウさんはこのウエハラさんと私とがアイビキする手順を決める役をおおせつかったのである。私は、事務所以外では会わないと答えた。ゆすりか何かかなとも思ったのだが、全然思い当たらなかった。弁護士になるといろいろあるんだなと思った。

10月頃から洋子は、子どもの本屋でアルバイトをしていた。その後、12月に入ってから彼女は中部病院に通いはじめた。病院の中にハワイ大学支局があり、そこの図書館の仕事を主にやることになった。医学英語の訓練が必要なようである。中部病院までは時間がかかるので、朝6時に起きて7時に出かける生活になった。毎朝彼女が出発前にキスするので、ああ今から出かけるのだなと分かった。ずいぶんながらくキスされたような気がしてからめざめることもあった。夜も10時になると眠そうで、11時前後には寝る。しかし、午後4時半頃には仕事を終えるので、働き始めたために会う時間が減るということはなかった。彼女の時給は600円だった。来年本採用になると月給15万円だと言っていた。ダイエーで、彼女が通勤の途中にバスの中できくラジオを840円で買った。たなざらし品だそうだ。そのあと、250×2円のコーヒーを飲むと、値段がばかにアンバランスに思われた。

こういった外での仕事のほかに、彼女は、私が非常勤で刑法を教えていた沖縄大学の学長である安良城盛昭氏の研究助手をやっていた。明治か大正頃の昔の経済統計資料のコピーを項目ごとに切り抜いて貼り付け、カードを作成していた。暇なときは、その作業を私も手伝うことがあった。

私自身は、大学では、刑法の講義をほとんど何の準備もしないで、ぶっつけ本番でやっていた。時間をかけて準備すればよい講義ができるというのでもないが、今考えると、よくそんなことができたものだと信じられないぐらいである。彼女は私の講義をききたがっていたが、私の方ではきかれたくなかった。彼女は否定していたが、実際には紛れてききにきたことがあったのではないかと疑っている。

バスの中で時間があるのか、その頃彼女は、ヘンリー・ミラーの愛人だったアナイス・ニンの日記をずいぶん一生懸命読んでいた。彼女が読みおわってから私も読んでみた。彼女は、アナイス・ニンが好きだと言っていた。それは、彼女がアナイス・ニンと似ているせいかなとも思うのだが、肝心なところが違うそうだ。つまり、「アナイス・ニンは天才なのに、私はそうじゃない」からだそうだ。それと、私も読んでいて気づいたが、アナイス・ニンにはきどったところがある。それと比べると、彼女は自らのことを庶民だといっていた。しかし私は、彼女も結構きどっていると思っていた。ツンとしたところがある。

大体、私は彼女が事務所2階の流しで洗っているのを後からみて、体が感じてしまったのであるが、私はもともと、彼女のきどったところ、というか、チビのくせに人をみおろすような視線を投げかけるところが好きだった。それは幾分かは彼女の姿勢がいいことにもよる。どっちに強くひかれたのか、私にはよく分からない。

彼女が沖縄の知識人たちと親交があるのは、徐々に分かってきた。特に、米留の人々は金門クラブというのを作っていて、一種の特権的なグループを形成していた。彼女はそこの事務局もやっていた。だから、銀行関係なども含めて、保守サイドの人々とのつきあいが結構あった。しかし、彼女は別の顔も持っていた。彼女のお母さんは、瀬長亀次郎のいとこであった。そして、お父さんも彼の熱烈な支持者であった。瀬長亀次郎は復帰前に沖縄人民党を結成し、那覇市長となって反米闘争をした人物として、沖縄では年配の人なら知らない人はいなかった。

1979年大晦日の夕方から彼女の家に行き、11時半までいた。

1980年の元旦にいさかいは始まった。はじめの予定では、正月にお客さんが来るかもしれないから先手を打って、彼女とやんばるに行こうということになっていた。しかし私は客逃れにやんばるまで行くのがバカらしくなった。彼女にそれを言い、そして、牧港までサイクリングしてきた。帰ってから、8時過ぎに、ふたりで彼女の家にご飯を食べようと出かけたら、玄関にたくさんの靴が並んでいて、入るのがイヤになった。それで入らずひとりで帰った。すると彼女も追っかけてきた。彼女がくっついてきたのがイヤになった。

2日の朝、私は朝食を食べながら彼女に、ひとりになりたいと言った。彼女は泣いた。しかし、結局帰ることにしたらしい。「むかへにきてちょうだい」と書かれた紙切れを私に差し出して出ていった。「え」が「へ」になっているのを面白いと思った。自分で掃除したら、私がまだひとりでいた頃のような部屋になった。満足した。

深夜になって、彼女は遠慮がちにやってきた。ただ泣いているだけで、とても話せる感じじゃないので、私は布団の中で本を読んでいた。彼女は畳に寝転んでしまった。さかんに咳をするので、抱えるようにして布団に連れてきて、布団を掛けてやった。そのまま寝た。翌朝目がさめると彼女はもういなかった。

1月3日消印の手紙が残っている。

「組原洋様

あなたを理解するのが不充分でごめんなさい。時間をかけて努力したい、しますので気長に待ってくれませんか。あなたが一人で出かけるのを私がいやがっているととっていらっしゃるようですがそうではないのです。急ににこにこするのもてれくさいからです。

あなたをとても大切にしたいのです。

人は一人でするのもそれ以上でするのもいろいろあっていいと思います。あなたと一緒にすることは最低に押さえます。でもいつでもかならず帰ってきてほしいのです。帰ってさえくれたら私には大変な満足なのです。耐えられます。あなたとの出会いが私にとっては決して偶然とは思えないのです。あなたにとっては偶然の出来事かも知れませんがあなたと会っていることを単なる遊びだとは考えていません。

愛ということばがきらいなようですが、私、心から深くあなたにひかれています。人が人を愛するということは今のあなたにとってはめんどくさく実につまらないことなのでしょうが。

私、あなたにどんなに冷たくされようと、最初からの確信が変わらないのです。

お会いして以来、私の存在の内容も充分変わってきているのも確かでしょう。それまでは生きるのがとてもいやな日が多かった。お会い出来るのを心待ちにしています。

私の悪い所は直しますのでどうか許して下さい。

1980年1月2日

洋子」

この手紙で「比嘉洋子との生活」は終わっている。ノートの原文は、日付と題を付けて、比較的短い文章を書き連ねた形になっている。できるだけ元の文章をそのまま使おうとはしたが、うまく収まらずに捨てた部分も多く、半分ぐらいになった。

２０１０年4月10日（土曜日）に、安良城盛昭氏の墓参りをした。安良城氏は、１９９３年4月12日に亡くなった。墓は東京都の多磨霊園にある。まだ桜が咲いていた。一緒に行ったのは奥様と私の娘、それに私のゼミにいた卒業生である。この卒業生は、奥様の希望で呼んだのである。前年も、同じメンバーで墓参りしたからである。前年は2月11日に墓参りした。私の妻の命日の前日だった。私の家の墓も現在多磨霊園にあり、多磨霊園全体は非常に広いのだが、安良城氏の墓とは歩いて5分か10分ぐらいの距離である。

安良城氏は私が弁護士から大学の専任教員に転職した際の学長であり、私を大学に入れてくれた人である。そういう意味で、恩人である。

私が弁護士をしていたとき、大学は内紛中で、訴訟をしていて、私のいた事務所がその訴訟の大学側代理人になっていた。その訴訟には私は関与していなかったが、安良城氏を事務所で何度か見かけたことがあった。

私は勤め始めてから1年足らずの、１９８０年3月31日に事務所をやめた。弁護士登録も抹消した。事務所をやめるにあたって、私の送別会が開かれたのだが、安良城氏の教え子が事務所に就職することが決まって、その送別会は同時に教え子の入所歓迎会も兼ねていたのである。そういうことで、そこに安良城氏も出席していた。私はたまたま安良城氏の隣に座った。安良城氏は私に、歴史関係の雑誌に載ったばかりの論文コピーをくれて、とにかく一方的にしゃべりまくった。その論文には、沖縄からは日本がよく見える、というようなことが書かれていた。私は、分からないところも含めて、ただうなずいていた。分からなくてもうなずく場合、2通りのタイプがあって、首を縦に振ってうなずいているといつまでも続くタイプと、それでは話が続かなくなり、時々、横に振る必要がある人とがいる。安良城氏は前者のタイプだった。

私は、事務所をやめてから、南洋の、宮古の人々がカツオ漁をやっている基地に行こうと思っていた。宮古の事件をやっているときに、カツオ漁船の船主と知り合いになり、いろいろ話を聞いて興味を持ったからである。その方からは、船に乗せてあげるよ、とも言われていた。

ところが、安良城氏が言われるには、大学の先生になった方が時間がたっぷりあって楽しいというのである。私はすでに非常勤講師の形で刑法を教えていたので、大学でならもう教えていますよと言ったところ、非常勤で教えるのと専任で教えるのとでは全然違う、というようなことを言われ、

「まあ、任せておきたまえ」

と言われたのである。私はここでも首を縦にしてうなずいたのであるが、意味がよく分からなかった。

ところが、それから何日かして、確か1980年3月27日頃のことだが、私が大学の専任講師として採用されたと事務所に電話で連絡があった。半信半疑であった。なにしろ、採用面接とかの類は何もなく、履歴書すら提出しなかったからである。

今思うに、何もかもが偶然だったというには出来過ぎである。事務所の代表が大学と関わりを

持っていたことから推測すれば、あくまで私の憶測にすぎないが、私を大学に送り込もうという密約みたいなものがあったのではなかろうか。

私は自分の耳が聞き違えたのではないかと思った。それで、4月になって、大学に確認しにいってみたら、確かに私は採用されていた。

事務所をやめることを考えたのは、1979年の秋になってからである。5人の弁護士のうち、1人は事務所代表の奥さんで、私が働き始めたときは米国に留学中で留守だった。やっぱり東大出で、東大法学部の助手もした方だという話で、大変なエリートらしかった。この奥さんが帰ってきて一緒に仕事をするようになり、入れ替わりみたいに、これまで働いていた弁護士の1人が独立して、弁護士は4人になった。独立した弁護士は、裁判所書記官上がりの人で、本土復帰の際の特例で司法試験は受けずに弁護士になったのである。

事務所代表の奥さんが米国から帰ってきてから事務所内の空気は一変してしまった。特に事務の人たちはこわがって、自由にものも言えない感じだった。共同事務所というのは、うまく機能しているときはプラス効果が出るが、人間関係がぎくしゃくすると、逆に、その対応にエネルギーを取られてしまってマイナスがぐんと大きくなる。私自身は、同じ東大出身ということもあって、直接不愉快な思いをしたことはなかったが、空気はどんどん悪くなった。というのは、代表夫婦が事務所の中でおおっぴらに喧嘩することが増えていったからである。これではとてもじゃないが続けられないな、と思った。

そして、当時の私としては、1年ほど住めば、沖縄に住むという当初の目的は達したわけで、沖縄に住み続けることにこだわる理由はないように思われた。また新たな旅が始まるだけのことだと考えていた。全然迷いはなかった。

そこで、年を越して1980年になってから、確か1月2日頃に事務所に行ったとき、ちょうど代表と私とふたりだけだったので、3月一杯でやめる予定だと予告した。代表は驚いた様子ではあったが、

「まあ、ちょっとゆっくり考えてみよう」

と言っただけであった。

その後、私の方は、引き継ぎが滞りなく進むようにと考えながら仕事を進めた。時期的なものもあったが、当時はやはりこの事務所の全盛期で、沖縄で話題になっていた多くの事件を手がけられたのは非常に幸運であったと今も思っている。

3月頃になって、私の辞意が固いことが代表にもわかってきたようだった。彼は、最初に私がやめたいと予告したときに、給料アップの条件闘争ととらえたのではないかと思う。だからだろうか、いくらぐらいに上げれば事務所に残るのか、といった提案が出てくるようになった。確かに弁護士間で給料はバラバラで、非常に差は大きかったのだが、もともと弁護士というのは普通のサラリーマンとは違うので、私はそんなに気にはしてはいなかった。それよりはいろんな事件に関われる幸せをずっと感じていた。だから、徹夜が続いても何とも思わなかった。そういった、仕事に対する

気持ちが通じていなかったようである。提示される金額がバカ高くなっていって、そんなに出せるわけはないだろうと思われる金額にまでなったら、私はますますやめようという気持ちが固まった。

やめた後は、とりあえず、比嘉洋子の住んでいるところに一緒に住まわせてもらうことにした。2階には両親と、当時、一番下の弟が住んでいた。この弟は、JICAからブラジルに移民する準備をしているところだった。1階は、彼女が全部使っていた。といっても、本当にものすごい量の家具類があった。私が来るちょっと前まで、彼女の両親は民宿を経営していて、その関係のものがあった。共産党系の人々の常宿になっていたようであるが、それだけでなく、例えば、出雲大社が沖縄にできたときに、その準備で島根の出雲大社から人が来て長らく泊まっていたそうだ。彼女が元の勤務先からもらったものもたくさんあった。スチールケースなど今も使っている。

私は1948年10月生まれなので、1978年の誕生日に満30歳になった。30歳になってから半年たったときに弁護士になった。そして31歳になって半年たったときに大学の専任教員になった。それまで「30で死ぬ」と言っていたのに死ななかった私は、その後どう生きようとしたのか。それについて書いた文章が活字になって残っている。大学の図書館報に書いたもので、私がすすめる1冊の本として本多勝一氏の『貧困なる精神』を取り上げた文章である。この本は、1冊といっても、今も続けて出ているようなので、現在何冊になるのか、よく分からない。図書館報に書いたのは次のような内容である。

最初の頃本多氏の著書にひかれた最大の理由は、書かれている内容が正確なうえ、将来のことについて実によくあたるからである。予言能力を獲得したいと思っていた私は、その秘密を盗み取ろうと一生懸命読んだ。氏は底辺を取材して書くのだと言っている。中間からの情報というのは各々に都合にいいものしかないというのである。つまり、中間はみんな上になびくということだ。上についているものを「主流」というのである。その主流が間違ったことを信じているときに反対のことを言うのは本当に大変なことである。日本の場合、その主流というのが極端に広がってきて、本当にどうしようもない。日本の「中流」の大部分は「主流に加わらざるを得ない人々」なのだと思う。本多氏は、そういう状況を見事に暴いてきたジャーナリストである。

私は本多氏のいう秀才バカの典型みたいな人間だった。主流の親分にかわいがられる素質をたっぷり持っていた。そして私も主流になりたいと本気で思っていたのだが、ほんのちょっと難聴の度が強すぎて断念した。「ほんのちょっと」というのは現実にはものすごいものだった。こうして私は「違い」とか、「差別」とか、「平等」とかを身体で学習してきた。当初私は、「よい意味で違うのだ」と思い込もうとした。これは大変疲れることなのである。それで、「30で死ぬ」と本気で言っていた。30になる手前頃からか、こんな「ちょっとの違い」でバタバタするのはおかしいし、かつ、こんな「ちょっとの違い」を受け入れてくれないような社会なら、それはもともと私向きの社会ではないのだから、逃げるか無視するしかあるまいと思うようになって、「80まで生きる」と公言し始めた。

こういうふうに書いている。ちょっと飛躍があるのではないだろうか。このころ書いたノート類や活字になったものにちょっと目を通してみたが、そう簡単に「転向」できるものではなかった。30以後は余生だなんてとても言えない状況が生まれ、ある意味、第二の30年は迷いの時期であったとも言えるかもしれない。

比嘉洋子の住んでいたところに彼女と同居するようになってちょっとたってから、彼女は妊娠した。病院に通って不妊治療中であったので、避妊していなかった。妊娠したことが分かって、病院で「おめでとう」と彼女は言われたそうだが、私の方はまいった。私は、息子に束縛という意味のラーフラという名前を付けたブッダと同じように当惑した。

1980年9月下旬から10月はじめにかけて、私は沖縄に住み始めて以来はじめて東京に帰った。久しぶりに東京の空気を吸って、東京の空気の方が格段にいいと思った。湿気が少ないのだ。一度東京に戻ってみたら、沖縄をずっと本拠地にしたいという考えは簡単に消えた。というより、戻ればそうなるであろうことを感じて、1年半沖縄で頑張ったのかもしれない。

ところが皮肉なことに、1年間単位で教える大学の定職に就いたため、少なくとも学年末までは、そうそう簡単に帰ることはできなくなったのである。当時、沖縄・東京間の飛行機代は往復6万円で、今の値段の3倍ぐらいだった。東京から帰ってちょっとして、私は、1階の一番奥の部屋に立てこもるみたいになった。何しろ道具類はいっぱいあったので、棚やら机やらを使って城みたいに固めることができた。直接には確かに妊娠をきっかけにしてのことだったが、それだけではないと思う。その後、娘が大きくなってからも、私は、1人になれる場を強引につくってきた。だから娘など、今でも、家庭内別居していた時のことをよくおぼえている。洋子はこのような私の様子を見て2階に寝ることも多かった。同居開始の前後、彼女の下の弟はすでにブラジルに発ち、2階には両親だけがいた。

だんだんと大学の研究室で過ごす時間が長くなった。当時大学の研究室は多人数共同で、カーテンで仕切る形だった。そこに簡易ベッドなどを持ち込んで夜遅くまでいた。それがこうじて、11月の半ばになって、大学から比較的近い場所にアパートを借りた。しかし、夜はちゃんと彼女の家に帰っていた。だから、別居したというのではなく、とにかく、ゆっくり考えることができる場所がほしかったのである。彼女と彼女の母親の連合体にはまいった。母娘の結束というのはすごい。そんな孤立感もあったのかなと思う。とてもじゃないが、母系家族の中に取り込まれた男という役回りは、私には無理でしょう。

陣痛が始まったのは1981年5月2日の夜遅くなってからで、彼女と一緒に私も病院に行った。空いているベッドがあったので私はそこで休んでいるようにと言われた。そのまま眠ってしまって、朝になって目がさめたら、娘はもう生まれていた。間が抜けた父親だなと思った。

1週間ほどして、出生届と認知届を出すために市役所に行った。結婚していなかったし、結婚しようという話も彼女との間ではなかったので、認知届ということになるはずだと考えていた。ところが、受付の人は大学の2部で教えていた社会人学生で、私の話を聞いて、こういう場合は、出生届と婚姻届を一緒に出せば、最初から夫婦の子として戸籍に記載される取り扱いになっています、と言って、その書類を準備してくれた。当然そうするんですよという感じで、任せているうちに書類ができた。随分たくさんの訂正印が必要になった。

「弁護士でもこういうことってあるんですか」

と、彼は驚いた様子だった。

まだ入院中だった彼女のところに行って、婚姻届も出したことを報告し、とにかく今は子どもの出生届をすませてしまわないといけないので、と言い訳した。彼女が私の意思に反してでも子どもを産みたいと思っていたのは確かだが、結婚の方については全然話したことがなかった。しかし、彼女の両親から見れば、世間的にはもう結婚していたわけだからこれで当然だと思ったはずである。

娘が生まれてから2カ月後の、同年7月4日に、私は成田空港から出国し、アフリカに向かった。大学の夏休みは、当時は7、8月だったのである。まず栄養失調になり、そして続いて中央アフリカでマラリアにかかって、帰国したのは9月26日だった。体調を取り戻せない状態が長引いて、結局、また妻の実家に舞い戻ることとなった。借りていたアパートからは1982年の2月に出た。当時沖縄県では前年7月頃から隔日断水が続いていて、私のいたアパートにはタンクがなかったので、一日おきに断水で、これに音を上げたということもあった。

あとがき

本書は、前著『旅の反復　世界のウチナーンチュを訪ねて』の出版準備と並行して、毎日書き続けている原稿をもとにまとめたものである。

本書によって、初めての海外旅行以来私がずっと海外への旅を続けてきたのは中途難聴・失聴であったことが大きく影響していること、および、沖縄という「港」にたどり着けたことが旅の継続を可能にしてくれたということをあわせ示せたと思う。これによって私の旅人生の形が決まったという意味を込めて『旅の表層』という題名にした。

本書の編集も、『旅の深層』『旅の反復』でお世話になった学文社の落合絵理さんにお願いした。こうして本作りを続けるうちに、私自身の人生の物語的な流れがある程度把握できるようになってきて、とても嬉しかった。

2014年に人工内耳をつけてから、普通の人と同じように会話ができるようになって、それまでとは違う旅をすることができるようになった。これは私にとっては非常に大きな変化だった。定年後1年あまり過ぎた2015年8月31日から毎日、「「年を取った男はさすらうべき」か」という題で書き出した。この間に行った旅がすでに本にまとめられるだけの分量になっているので、できれば今後、このテーマとダブらせて本にまとめてみたい。

また、大学の専任教員として在職中に行った旅についても、まだまとめていきたい旅はあり、結果的には、だんだん「研究」そのものに近づいていきそうである。実際、私の場合「研究」とは「旅」そのものだった。そういうこともあって、２０１６年には総合旅行業務取扱管理者資格も取得した。

このように、旅の現場が私の学習の場であることは、幸いにも、今日までまったく変わっていない。旅の途中で出会った人々に改めて、「ありがとう」を言いたい。

２０１８年４月15日　那覇にて

組原　洋

著者紹介

組原　洋（くみはら　ひろし）

1948 年鳥取市生まれ
1972 年東京大学法学部卒業
1974 年司法修習修了
弁護士・沖縄大学名誉教授
著書
『改革を続ける英国の図書館』（共著・リブリオ出版企画，2003 年）
『オランダ・ベルギーの図書館』（共編著・教育史料出版会，2004 年）
『学力世界一を支えるフィンランドの図書館』（共編著・教育史料出版会，2008 年）
『旅の深層―行き着くところが、行きたいところ　アフリカ、ブラジル、ダバオ回遊』（学文社，2013 年）
「現代沖縄農業の方向性　序論」（共編著・沖縄地域学リポジトリ，2017 年）
『旅の反復　世界のウチナーンチュを訪ねて―父と娘の旅道中』（学文社，2018 年）
などがある。

旅の表層
ユーラシア大陸横断、ラテンアメリカ縦断、そして沖縄　港にたどり着くまで

2018 年 7 月 10 日　第 1 版第 1 刷発行

組原　洋 著

発行者　田中　千津子
発行所　株式会社 学 文 社

〒 153-0064　東京都目黒区下目黒 3-6-1
電話　03（3715）1501 ㈹
FAX　03（3715）2012
http://www.gakubunsha.com

印刷所　新灯印刷

ISBN978-4-7620-2818-2